À mes parents
et à Bernard

Données de catalogage avant publication (Canada)

Monteil, Claudine,
    Simone de Beauvoir : le mouvement des femmes : Mémoires d'une jeune fille rebelle

(collection PARCOURS)

ISBN 2-7604-0502-8
1. Beauvoir, Simone de, 1908-1986 – Biographie.
2. Féminisme. 3. Écrivains français – 20e siècle – Biographies. I. Titre.
II. Collection: Collection Parcours (Stanké).

PQ2603.E362Z77 1995   848'.91409   C95-941264-6

Conception graphique et montage: Olivier Lasser

© 1995, Les éditions internationales Alain Stanké

Tous droits de traduction et d'adaptation réservés; toute reproduction d'un extrait quelconque de ce livre par quelque procédé que ce soit, et notamment par photocopie ou microfilm, strictement interdite sans l'autorisation écrite de l'éditeur.

ISBN 2-7604-0502-8

Dépôt légal: troisième trimestre 1995

IMPRIMÉ AU QUÉBEC (CANADA)

SIMONE DE BEAUVOIR

LE MOUVEMENT DES FEMMES

Ce livre n'aurait pu exister sans le travail de Janice Allen-Treiber qui en a tapé chaque page et qui m'a apporté son soutien constant. Qu'elle trouve ici l'expression de ma gratitude et de mon amitié.

Mes remerciements vont également à Geneviève Auzoux, Arlette Cazaux, Rebecca Chalker, Geneviève Moll, John Moore, Judith Stein et Cecelia Yoder qui m'ont encouragée à rédiger ce témoignage.

CLAUDINE MONTEIL

SIMONE DE BEAUVOIR
LE MOUVEMENT DES FEMMES

Mémoires d'une jeune fille rebelle

COLLECTION
PARCOURS
Josette Ghedin Stanké

Stanké

TABLE DES MATIÈRES

Introduction

En 1946, peu après la fin de la Seconde Guerre mondiale, alors que la France se remettait des blessures de l'Occupation nazie, ma mère, une jeune agrégative de 24 ans, décida de préparer un doctorat d'État en chimie quantique. Elle espérait devenir un jour professeur de chimie à la Sorbonne.

Deux ans plus tard, elle épousa un jeune mathématicien brillant et plein d'avenir. En guise de cadeau de mariage, quelques amis lui conseillèrent d'abandonner sa carrière afin qu'elle puisse se consacrer exclusivement «à l'homme qui avait une chance de devenir le grand chercheur de la famille», mon père. Un mathématicien réputé l'invita à boire un verre dans un café du Quartier latin et lui tint ce même langage. Ma mère but sa tasse de café, se leva, le regarda droit dans les yeux et lui répondit: «Merci pour votre conseil que je ne suivrai point.»

Peu de temps après, dans la vitrine d'une librairie, près du laboratoire où travaillait Irène Joliot-Curie, ma mère vit un ouvrage qui suscitait alors un grand scandale en France. Elle entra dans la librairie et acheta *Le Deuxième Sexe* de Simone de Beauvoir. Elle rentra chez elle et, enceinte de moi, s'allongea sur un divan pour en commencer la lecture.

Ce fut un choc. Soudain, son monde où les femmes étaient rarement respectées pour leur compétence scientifique était bouleversé par la découverte que dans sa ville, Paris, une autre femme exprimait par écrit ce qu'elle ressentait si fort dans son cœur. Elle n'était plus seule. À compter de ce jour, elle sentit que ses initiatives avaient été justes et qu'elle trouverait toujours l'énergie pour se battre. Elle devint professeur de chimie à la Sorbonne et fut promue à de hautes responsabilités dans le milieu universitaire.

Le mois où la deuxième partie du *Deuxième Sexe* parut, elle me mit au monde, tandis que Paris était secoué par les réactions outragées des politiciens et des écrivains qui continuaient de qualifier cet ouvrage d'indécent.

Ce fut ainsi que François Mauriac, alors membre de l'Académie française, et homme d'une grande piété catholique, écrivit à un ami de Simone de Beauvoir ces quelques mots: «À présent, je sais tout du vagin de votre patronne.» Ma mère, pour sa part, vivait déjà une existence de femme indépendante et m'éleva dans le même esprit.

Vingt ans plus tard, je sonnai à la porte de Simone de Beauvoir au 11 bis rue Schoelcher, face au cimetière Montparnasse. Mes jambes tremblaient et mon cœur battait fort. Cette femme était l'une des héroïnes de ma jeunesse, et ses livres m'avaient apporté un profond réconfort tout au long de l'adolescence. Ma rencontre avec elle l'année de mes 20 ans semblait un rêve devenu réalité.

Elle ouvrit la porte, les yeux couleur sourire. Tandis que je pénétrais timidement dans son studio, ce jour-là, ma vie commença.

C. M.

Chapitre I

Mes années 60

Je suis l'enfant de ma mère, l'enfant de son enfance. De retour de Verdun, de ses gaz et de sa folie meurtrière, mon grand-père maternel n'eut qu'un seul désir, retrouver le chemin de la vie. Quelques années plus tard, il connut un nouveau bonheur à la naissance de ma mère. Il avait désormais deux filles. L'une, née juste avant la Première Guerre mondiale, et ma mère, sa cadette, plus jeune de neuf ans. Il allait s'occuper d'elles et les encourager dans une voie que peu de pères entrevoyaient alors pour leur progéniture, acquérir un métier, même si ce privilège était jusqu'alors réservé aux hommes.

Mon grand-père, bel homme à la moustache abondante, souriant et chaleureux, avait, avant-guerre, su charmer par sa gaîté et sa vivacité toutes les jolies femmes de la ville de Melun où il avait grandi. Puis il s'en était allé à Paris épouser une jeune fille de bonne famille. Elle lui donna deux filles, sans enthousiasme et sans joie. Ma grand-mère, qui ne travailla jamais, traversa la vie dans l'ennui.

De cela, mon grand-père ne voulait à aucun prix pour ses filles.

Ma tante, la sœur aînée de ma mère, poursuivit des études de médecine brillantes et devint l'une des premières femmes en France chef de clinique. Pour ma mère, malgré les privations, le froid et la faim qui la tenaillaient adolescente dans Paris occupé par les Allemands, sa vie de jeune fille n'avait qu'un seul but: acquérir un métier qui pût la passionner pour le restant de ses jours. Elle non plus ne souhaitait pas vivre l'accablante mélancolie de sa mère. Elle se sentait portée par le soutien quotidien et sans faille de son père. Elle irait jusqu'au bout de ses études supérieures. Forte de ce soutien, elle choisit en effet la difficulté.

Par un dimanche de printemps 1937, mon grand-père avait emmené ma mère boulevard Jourdan regarder des bâtiments laids et gris, entourés de jardins. Ils avaient posé leurs visages contre les grilles et observé les jeunes filles qui lisaient et étudiaient dans le parc. Ils étaient restés là, immobiles, un long moment. Puis, mon grand-père avait posé sa main droite sur l'épaule de ma mère et lui avait murmuré: «Tu vois, c'est là que j'aimerais que tu entres un jour. C'est une école très bien. Tu seras sûre ensuite d'avoir un métier intéressant.»

Depuis toujours, ma mère aimait écouter mon grand-père. Ce jour-là, plus que tout autre, elle l'écouta. Elle réalisa le rêve de son père alors qu'il était encore vivant. Le jour où elle entra à l'École normale supérieure de jeunes filles fut l'un des plus beaux de sa vie. Lui mort, ma mère dépassa ce rêve. L'élève devint sous-directrice, puis directrice de l'École.

Elle y rencontra un jeune normalien qui ne s'intéressait qu'à l'algèbre et à la géométrie. Celui-ci sentit bientôt ses pensées envahies par une hypothèse intéressante, mais dont la définition s'apparentait à celle d'une figure humaine. Il l'épousa en 1948. Je naquis un an plus tard à l'issue d'un dialogue entre deux définitions d'arithmétique et de chimie quantique.

Ma mère avait pris cette année-là le temps de se plonger dans un ouvrage certes non scientifique, mais dont les énoncés allaient bouleverser sa vie. Elle lut *Le Deuxième Sexe* pendant sa grossesse et sut que plus rien ne l'arrêterait dans l'accomplissement de sa carrière de chimiste. Elle avait droit au respect que tout être humain, homme ou femme, peut attendre des autres dans une démocratie, et elle entendait bien que ce principe fondamental lui fût appliqué, même si cela devait déplaire à certains. Elle se sentait forte, de cette force que lui avait apportée son père depuis sa naissance, de celle de son mari qui l'appuyait dans ses entreprises, et enfin de cet ouvrage d'un millier de pages qui dérangeait tant mais dont chaque ligne l'avait nourrie à jamais.

En octobre 1952, malgré le courage puisé dans cette œuvre, malgré les encouragements de mon père, ma mère se heurtait encore aux préjugés. De nombreux chercheurs ne comprenaient pas pourquoi cette épouse d'un jeune mathématicien déjà réputé ne préférait pas consacrer son temps à mon père et à l'éducation de sa fille.

Il est vrai que cela aurait pu l'occuper amplement. J'avais alors trois ans et mon père devait s'absenter de Paris pour donner des conférences aux États-Unis.

Cette année-là, un événement dramatique faillit donner raison à ceux qui incitaient ma mère à abandonner son métier. Depuis 1948, année où elle avait réussi l'agrégation de chimie, elle s'investissait, outre dans son enseignement de jeune professeur, dans la préparation d'un doctorat d'État. Elle travaillait dans le vieux bâtiment du laboratoire de chimie de l'École normale supérieure de la rue d'Ulm, où les normaliens acceptaient d'héberger les quelques jeunes femmes chimistes de leur école.

Vêtue d'une blouse grise, elle disposait d'un coin du laboratoire au milieu d'éprouvettes en tous genres et y effectuait méthodiquement toutes les expériences dont elle avait besoin.

En ce lieu, encore chasse gardée des hommes, ma mère se sentait à part et devait, plus encore que ses collègues masculins, faire ses preuves.

Ma mère arriva au laboratoire de bon matin après m'avoir déposée chez la nourrice. Elle enfila sa blouse et décida d'effectuer ce jour-là une des expériences les plus importantes de son doctorat. Elle prit dans la grande armoire de bois fermée à clef les flacons de produits dangereux dont elle avait besoin. Elle versa les quantités prévues les unes après les autres dans les éprouvettes. Les liquides commencèrent à changer de composition. L'expérience s'annonçait prometteuse. Ma mère versa enfin l'ultime produit.

Dans le laboratoire retentit une très forte explosion qui pulvérisa toutes les éprouvettes de verre. Ses collègues de travail, indemnes, entendirent ma mère hurler. Des centaines de petites parcelles de verre, dont plusieurs microscopiques, étaient venues s'incruster jusque dans les sections nerveuses de sa main gauche (elle était gauchère), provoquant de multiples décharges électriques. Ma mère suffoquait. La douleur était insoutenable. Les émanations chimiques l'ayant aveuglée, elle ne savait même plus où elle était: «Je ne vois plus rien, je vais devenir aveugle!» se disait-elle, tandis que les premiers secours arrivaient au milieu de l'affolement.

Quelques heures plus tard, elle recouvra la vue. Les effets secondaires de la déflagration avaient cessé. C'était là le plus important, mais un insoupçonnable calvaire venait de commencer, dont j'allais être le témoin jusqu'à la fin de mon adolescence. Ma mère dut subir plusieurs opérations à la main, d'où les chirurgiens essayèrent d'extraire un par un les éclats de verre souvent invisibles à l'œil nu. Tous les nerfs étaient touchés, comme électrocutés. Au réveil, la douleur était si aiguë que les infirmières devaient parfois lui administrer de la morphine. Il y avait tant d'éclats imbriqués pêle-mêle dans les tissus, les nerfs et les muscles que, pour sauver sa main, les praticiens durent en abandonner plusieurs dizaines. Ces débris minuscules allaient devenir autant de bombes à retardement. Les jours, les mois, les années qui suivirent, ils ressortaient tout à coup, sans prévenir, déclenchant des brûlures fulgurantes qui duraient plusieurs heures.

Ma mère quitta l'hôpital un matin, la main gauche emprisonnée dans un appareil qui ressemblait à une prothèse. Elle dut le porter pendant des mois. À la maison, elle apprenait à utiliser sa main droite, mais elle se sentait à bout de force. Mon père rentra précipitamment des États-Unis.

Malgré son intense activité mathématique, il s'occupa des travaux domestiques, de mon éducation, ne laissant à ma mère d'autre soin que de se soigner. Lorsqu'elle décida de poursuivre sa vocation, la chimie, il l'encouragea.

Quelques mois plus tard, elle pénétra de nouveau dans le laboratoire où avait eu lieu l'accident. Sa main gauche était dissimulée sous un épais pansement, définitivement brisée, doigts repliés et figés pour toujours. Devant ses collègues silencieux, elle avança lentement vers la paillasse recouverte de carreaux en émail blanc qui lui était si familière. Ses gestes étaient un peu moins précis mais fermes. Elle se dirigea vers le placard où se trouvaient les produits qui avaient brisé sa main gauche, et de son autre main en tourna la clef. Une à une, elle saisit les solutions qu'elle posa délicatement sur la table, puis elle dut s'y reprendre à plusieurs fois pour enfiler sa blouse. Enfin, dans un silence général, elle versa lentement le contenu d'une éprouvette dans un cornet.

Depuis ce jour, ma mère n'a jamais cessé d'utiliser ses deux mains, la morte et la vivante, pour accomplir les gestes de son métier.

Un an plus tard, alors que je me trouvais à l'école maternelle, ma mère commença mon éducation dans des secteurs qui devaient nous rapprocher pour toujours. Lorsque des mathématiciens, collègues français ou étrangers de mon père, passaient à la maison, ma mère me les désignait de l'autre bout du salon en me murmurant: «Tu vois, celui-là à gauche de papa, il est contre les femmes qui travaillent. C'est un homme mi-so-gyne.» Alors, je serrais ma petite main dans la sienne, je me blottissais contre elle, et si ce mathématicien-là osait s'approcher de moi, je lui faisais de gros yeux lourds de reproches dont il ne saisissait naturellement pas la portée, puis je lui tournais brutalement le dos.

Enfant, je fus ainsi obsédée par le respect que l'on accordait ou non à ma mère et à son travail. Je sentais confusément qu'à travers ces différences de comportement c'était de mon avenir qu'il s'agissait. Et mon avenir, je le voyais déjà, vibrant, passionnant, ouvert aux autres civilisations, dans la mesure où celles-ci considéraient les femmes à égalité avec les hommes.

J'étais habituée, depuis mes premiers pas, à rencontrer des scientifiques de toute race, de toute religion, de tout pays. J'avais remarqué très jeune que la plupart d'entre eux étaient des hommes. Plus mon père les respectait pour leurs découvertes, plus leur prestige international était grand, plus ils adoptaient un comportement simple, réservé et souvent plein d'humour. Lorsque mon père m'annonça que j'allais, à l'âge de six ans, franchir l'Atlantique dans un vieux *Constellation* et séjourner à Princeton, petite ville universitaire au sud de New York, je débordai de joie. Mon éducation prenait une nouvelle dimension, où allaient s'affirmer les principes que l'on tenait à m'inculquer: «Si tu souhaites que l'on te respecte, respecte l'autre, essaye avant tout de le comprendre, de le connaître, et ne le juge pas.»

J'arrivai donc à Princeton, pleine d'enthousiasme, dans cette ville verdoyante aux vieilles maisons de bois blanches à colonnades qui rappellent, dans ce nord de l'Union, le charme des villes du Sud. L'Université de Princeton est l'une des plus prestigieuses des États-Unis. Après la guerre de l'Indépendance, après qu'il eut gagné contre les Anglais, George Washington envoya son ami le marquis de La Fayette solliciter auprès du recteur de cette université l'admission de son fils adoptif. La requête fut acceptée, mais ce fils passa les six premiers mois de ses études supérieures à jouer dans les tripots et à courir les filles. Il allait être expulsé lorsque Washington, une fois encore, envoya La Fayette à Princeton supplier le recteur d'accorder un sursis de six mois à Washington fils dont le père avait tant fait pour l'indépendance des 13 colonies. Sursis fut accordé, mais le fils reprit le chemin des cabarets et des filles de mauvaise vie. À la fin de l'année scolaire, il fut définitivement renvoyé de ce lieu de culture et de réflexion, au grand désespoir de son père.

Depuis, à Princeton, se côtoient les plus brillants étudiants du pays et les professeurs les plus réputés des États-Unis ou même d'ailleurs. Il règne là, malgré cette concentration de matière grise, une atmosphère bon enfant. À l'orée de la ville, entouré d'arbres, de pelouses et de forêts, se dresse l'Institut d'études avancées, où Robert Oppenheimer, le père de la bombe atomique américaine, et Albert Einstein enseignèrent. Il n'est pas rare d'y rencontrer divers Prix Nobel se promenant en short et à bicyclette.

Mais Princeton se trouve aussi à la jonction du nord et du sud des États-Unis. Les séquelles de la guerre de Sécession ne s'y sont pas entièrement évanouies. Si les riches familles du Sud hésitent encore aujourd'hui à envoyer leurs enfants dans les universités de Yale et de Harvard, trop «yankee» à leur goût, elles consentent qu'ils fassent leurs études dans la plus sudiste des universités du nord, celle de Princeton.

Ce mélange de genres au sein de cette petite ville de 50 000 habitants allait me faire découvrir quelques années plus tard que la discrimination n'était pas que le lot des femmes.

En 1960, dans l'école de brique rouge de Princeton, entourée de pelouses et d'arbres, la journée commençait selon un rituel immuable: l'institutrice entrait, s'asseyait et commençait aussitôt la lecture quotidienne d'une page de la Bible devant une classe d'élèves encore endormis.

Puis, nous nous levions dans un bruit de chaises bousculées d'un même élan. Debout, la main droite posée sur le cœur, nous récitions une prière devant le drapeau américain qui nous faisait face, solidement accroché à la gauche du tableau noir. Les enfants blancs la récitaient sagement. Seule Carol, mon amie qui avait le privilège encombrant d'être l'unique fille noire de la classe, en prononçait les mots avec fougue, et je m'étonnais de voir chaque jour des larmes apparaître dans ses yeux. La litanie parlait de justice, d'égalité, de tolérance.

Après la prière, récitée dans une école pourtant laïque, la vie reprenait son cours. Mes petites camarades de classe, si charmantes dans leurs robes écossaises au col blanc sorties des plus beaux magasins de Princeton, chaussées de souliers blanc et noir, ne cachaient pas leur mépris à l'égard de Carol. Si celle-ci essayait de leur adresser la parole – désespérément elle effectuait chaque jour des manœuvres d'approche –, les petites filles détournaient brusquement la tête, ou bien la toisaient du regard et s'exclamaient: «Comment oses-tu nous adresser la parole? Tu sais bien que nous n'avons rien à nous dire!» et elles s'éloignaient, ricanant entre elles.

Malgré ces brimades, Carol cherchait par tous les moyens à partager leur repas de midi. La cafétéria de l'école, aux couleurs rose bonbon et vert amande, aurait pu être repeinte en rouge corrida. Les paroles enfantines y avaient un goût de sang. «Peut-on tuer avec des mots?» me demandais-je alors. À Princeton, mes voisines de classe essayèrent de tuer Carol à petit feu, entre les hamburgers et les glaces arrosées au coca-cola.

En octobre 1960, John Kennedy menait une campagne acharnée pour être élu président des États-Unis. Jeune, beau, dynamique, il souhaitait réconcilier les Blancs et les Noirs de son pays. Ses propos trouvaient un écho particulier chez Carol, qui malgré son très jeune âge suivait ses discours avec intensité.

Un jour de ce même mois, Carol et moi étions assises dans un coin de la cafétéria. J'étais heureuse. Carol semblait enfin se désintéresser de ces gamines odieuses qui quelques jours auparavant l'avaient accusée du vol d'une trousse de couture. Celle-ci devait pourtant être retrouvée, quelques minutes plus tard, dans le pupitre d'une autre élève. Mais les regards soupçonneux, la fouille du cartable de Carol devant 25 paires d'yeux hostiles, les protestations de Carol en larmes, tout cela était encore gravé dans ma mémoire.

Nous mangions avec appétit, ignorant le milieu inamical qui nous entourait. Ce jour-là, comme chaque mardi de la semaine, nous dégustions un plat de spaghettis à la bolognaise, où les boulettes de viande ressemblaient à des balles de golf plongées dans de la sauce tomate. Je souhaitais procéder à un troc: ses pâtes contre mes boulettes de viande. Marché fut conclu. L'échange s'effectua rapidement entre les assiettes.

Après le déjeuner, la récréation fut écourtée. Comme nous entrions en classe, un murmure hostile accueillit notre arrivée. Quelques garçons, habituellement chaleureux avec moi, nous sifflèrent. Les petites filles détournaient une à une la tête à mon passage. L'une d'elles, cependant, m'apostropha: «Comment as-tu pu agir ainsi?»

Je ne comprenais pas de quoi elle parlait. Mais on allait vite me le faire comprendre. La maîtresse d'école m'annonça que j'étais convoquée immédiatement chez le censeur de l'établissement. Elle me toisa d'un air sévère et baissa la tête vers moi. Du haut de mon 1,20 mètre, je n'avais cependant pas envie de me laisser intimider.

Elle prit enfin la parole, d'une voix qui articulait lentement chaque mot:

— Vous rendez-vous compte de ce que vous avez fait à l'heure du déjeuner?

De quoi voulait-elle parler?

Vous avez donné votre viande!

— Oui, madame, parce que Carol m'a donné ses spaghettis! Et c'était *ma* viande!

— Mais mademoiselle, de la viande! on ne donne pas sa viande!

Je repartis en larmes. Quelques jours plus tard, John Kennedy fut élu président des États-Unis. Il prôna l'insertion des Noirs dans la société, mais je n'eus plus jamais double ration de spaghettis. Princeton se trouvait à 300 kilomètres de Washington, trop loin des responsables politiques américains. Et le nouveau président ne pouvait s'occuper de tout.

De retour en France, j'eus à affronter certaines de mes petites camarades de classe à Paris qui se moquaient de ma mère qui agissait comme un homme: «Ce n'est pas une mère. Elle ne s'occupe pas de toi, elle ne vient jamais te chercher à la sortie de l'école», me disait-on souvent dans la cour de récréation. Je prenais ces remarques du haut de mon expérience d'enfant de 11 ans. Je ne vivais pas à travers les goûters ou les pâtisseries que ma mère aurait pu me préparer, mais dans l'univers mystérieux de son métier. J'aimais l'accompagner le jeudi au laboratoire de chimie de l'École normale supérieure de jeunes filles. Nous arrivions tôt le matin dans un vieux bâtiment poussiéreux de la rue Lhomond, tout près de la rue d'Ulm. Là se trouvaient les salles de chimie où les jeunes sévriennes préparant l'agrégation travaillaient sur des paillasses en émail blanc, le visage penché sur des tubes aux formes hétéroclites, aux couleurs vives et changeantes. C'était ma caverne d'Ali Baba. C'était aussi un endroit semblable à celui du drame dont témoignait à chaque seconde la main mutilée de ma mère. Nadaud, le préparateur et assistant du laboratoire, me prenait dans ses bras pour me hisser sur les tabourets élevés d'où je pouvais contempler les multiples éprouvettes qu'il m'avait préparées. D'une patience infinie, il passait de longues minutes à m'expliquer quelles substances chimiques je pourrais mélanger. Il m'observait dans mes premières expériences du jeudi, et lorsque je réalisais des composés de couleur vive qui passaient parfois du rouge au vert, j'éclatais de joie et lui

souriais, fière et heureuse. Parfois, j'arrêtais mes jeux, courais
dans les couloirs poussiéreux et poussais péniblement les lourdes
portes qui conduisaient, au bout du couloir, au laboratoire de
physique. Je m'infiltrais secrètement dans l'univers des physiciens,
puis battais en retraite dès que je reconnaissais la voix autoritaire
d'un homme à la réputation de sévérité. C'était le professeur
Yves Rocard, père du jeune militant politique Michel Rocard,
l'un des créateurs de la bombe atomique française, réputé pour
son caractère entier: «Sois sage, je ne veux pas d'histoire avec
lui!» me disait ma mère. Pour éviter de le déranger, je me
rendais dans la cour de l'École et jouais à la corde devant les
vitres de son labo. Puis, je redescendais dans le refuge du labo
de chimie et trouvais ma mère, attablée devant des éprouvettes.
Malgré l'odeur très forte qui régnait dans la pièce, malgré la
blouse peu esthétique que portait obligatoirement toute personne évoluant au sein de cet univers et malgré sa main souf-
frante, ma mère rayonnait. Son chignon blond, la couleur pâle
de sa peau, son regard à la fois concentré et doux, l'impression
de plénitude qui émanait d'elle, tout cela me donnait le sentiment que ce laboratoire était le centre du monde. J'étais en cet
instant plus que tout autre fière d'elle. Elle ressemblait alors à
cette Marie Curie dont on nous parlait tant à l'école. Ma mère,
jeune chimiste, avait d'ailleurs croisé de loin sa fille, Irène Joliot-
Curie. Et voilà que c'était ma propre mère qui dirigeait, avant
même l'âge de 40 ans, ce laboratoire prestigieux: «Moi aussi, me
disais-je une fois encore, je travaillerai plus tard et j'aurai un
métier intéressant.»

J'avais 12 ans lorsque furent signés en 1962 les accords
d'Évian et je m'en souviens comme si c'était hier. Les négo-
ciations mettaient fin à des années de guerre entre la France et
l'Algérie, alors colonie française, qui obtenait ainsi son indépendance. Comme des milliers de jeunes Français, le frère cadet
de mon père avait été envoyé pour son service militaire près
d'Alger. La torture, les exécutions sommaires, les bombes provenant des deux camps témoignaient de l'horreur d'une guerre à
la fois civile et étrangère. Ce drame perdure dans les mémoires.

Petite fille, je ne comprenais déjà pas pourquoi on empêchait un peuple d'accéder à son indépendance. Les jeux d'enfant ne durèrent pas longtemps pour moi. De retour du lycée, j'entendais à Paris les bombes exploser dans les maisons aux alentours de notre appartement. Des attentats eurent lieu rue Spontini et avenue Victor-Hugo, chez des ministres gaullistes, et plus tard au Quartier latin, chez des collègues mathématiciens de mon père. Ils étaient l'œuvre de membres de l'Organisation armée secrète (OAS), composée de Français hostiles à l'indépendance de l'Algérie, et donc à la politique de décolonisation du général de Gaulle. À 12 ans, je comprenais mal comment l'on pouvait haïr l'autre au point d'en arriver là. La bombe déposée chez André Malraux qui détruisit l'appartement voisin et blessa grièvement une petite fille me fit frémir plus que toute autre. Elle avait huit ans, elle et moi étions presque du même âge. La guerre d'Algérie pouvait donc me concerner.

Depuis mes voyages en Amérique et mon amitié avec une petite fille noire, je ne supportais aucune injustice. La guerre d'Algérie accentua encore mon horreur pour l'intolérance et la cruauté humaines, de quelque bord qu'elles vinssent. L'ambiance était chargée de haine, et les passions politiques sur le point de faire basculer mon pays dans la guerre civile. Dès lors, je commençai à m'intéresser à la politique.

Je ne fus jamais attirée par le communisme. À cette époque, dans les années 1960-1964, l'URSS était dirigée par Nikita Khrouchtchev. Mon père et ses collègues obtinrent des autorités soviétiques l'autorisation de laisser venir à Paris pour une série de conférences certains des plus prestigieux mathématiciens russes. Aucun n'était membre du Parti communiste, leur gouvernement se méfiait donc d'eux. Mais Khrouchtchev accepta. Sitôt arrivés, ils vinrent dîner à la maison et nous racontèrent à voix basse l'état de corruption du système soviétique et le rôle malfaisant de la *nomenklatura* qui méprisait le peuple russe et les peuples colonisés des autres républiques de l'Union. Ce discours tranchait sur le conformisme ambiant. Il devait changer l'orientation de ma vie. Depuis mes séjours à Princeton, je me débrouillais bien en anglais et décidai, en

1963, à l'âge de 13 ans, d'apprendre le russe puis de partir
l'étudier sur place. Mon premier voyage se déroula en 1964, un
mois avant la chute de Khrouchtchev. Le pays était pauvre, mais
le peuple russe affichait une grande dignité. La corruption ne
sévissait pas encore aussi ouvertement que sous le règne de
Brejnev. Malgré la vétusté des infrastructures, le pays gardait le
charme de Tchekhov, avec ses isbas de bois, un appétit de lecture et de musique chez tous. Une relative douceur de vivre y
régnait. Les collègues de mon père osaient même parfois
plaisanter publiquement sur leur Secrétaire général. Mais
Khrouchtchev fut renversé en octobre 1964 et, l'année suivante, lorsque je passai l'été à Moscou et à Kiev, l'ambiance
était devenue lourde. De nombreux soldats de l'Armée rouge
sillonnaient les rues et les Russes n'osaient plus s'adresser aux
étrangers. Durant les cinq années qui suivirent, les mêmes
mathématiciens que j'avais connus enfant à Paris, puis l'été en
URSS où ils m'avaient emmenée au théâtre et au concert, se
firent de plus en plus critiques et amers. Ils étaient amoureux de
leur pays, mais aussi de la liberté qu'ils avaient pu goûter quelques jours à Paris. Les uns après les autres, ils allaient connaître
des problèmes professionnels. L'un d'eux, Igor Shafarevitch, fit
passer un jour une lettre à mon père dans laquelle il lui avouait
que non seulement il avait perdu son poste à l'Université de
Moscou, mais que si quelqu'un lui adressait la parole, cette
même personne perdait elle aussi peu après son emploi.
Shafarevitch ne fut pas déporté dans un goulag mais, ainsi
achevait-il sa lettre, «la répression est devenue plus insidieuse
que sous Staline».

J'étais enfant lorsque mourut Staline. Il resta néanmoins
pour moi le symbole terrifiant d'une cruauté sans limite.

Quelques années plus tard, je rencontrai sa fille qui avait
elle aussi souffert des persécutions de son père et du KGB. Elle
ne fut pas à proprement parler une dissidente, mais son destin
se confondait avec celui de la Russie. Après que le KGB eût,
selon ses dires, laissé mourir de faim dans un hôpital son mari
indien, Svetlana Allilluyeva décida de passer à l'Ouest en 1966.
Avec l'aide de George Kennan, ancien ambassadeur des États-

Unis à Moscou, Svetlana créa un des plus grands scandales de la guerre froide en rejoignant le pays ennemi du peuple soviétique, les États-Unis. Elle abandonna ainsi sa patrie, celle du «petit père des peuples», et même ses enfants.

Ce fut aux États-Unis, à Princeton, la ville universitaire de mon enfance, où George Kennan habitait, que je rencontrai Svetlana dans ma dix-neuvième année. Amis intimes de ma famille, le mathématicien suisse Armand Borel et sa femme Gaby s'occupaient avec dévouement de cette immigrée au nom si lourd à porter. Je la rencontrai à plusieurs reprises par leur intermédiaire.

Par une soirée neigeuse de 1969, Svetlana nous accueillit, Gaby et moi, dans sa petite maison de bois peinte en blanc où elle nous attendait dans un salon décoré d'icônes. Petite et trapue, un sourire doux et triste éclairait son visage. La détresse que lui causait son exil, certes volontaire, me frappa. Elle vivait là seule, très seule. Si seule que l'on murmurait que le jour du Nouvel An elle avait appuyé sur le bouton qui la reliait au commissariat de police chargé de sa protection. Des voitures étaient alors arrivées à toute allure, encerclant sa maison, et des policiers en étaient sortis, prêts à tirer. «Bonne année!» s'était-elle écriée à leur attention, une bouteille de champagne à la main. Ses gardes du corps l'avaient fixée, médusés: «Mais madame, nous sommes en service!» et ils étaient repartis aussi vite qu'ils étaient venus.

Je l'observai timidement, tandis que des sentiments contradictoires m'animaient. Cette femme avait, pour être libre, abandonné ses enfants encore adolescents. Comment une mère pouvait-elle agir ainsi? Je n'aurais pas pardonné à la mienne un tel choix.

Avec des larmes dans les yeux, elle parla inlassablement de son pays et des persécutions religieuses. «Comment s'habituera-t-elle à cet exil?» me dis-je en moi-même. J'avais raison de me poser la question. Un mariage avec un Américain, un divorce, la naissance de sa fille Olga, rien ne sembla l'apaiser. Après son divorce, elle se réinstalla à Princeton. Elle revoyait souvent les Kennan et les Borel. Son humeur était d'une heure à l'autre

changeante, souvent maussade. La jeune Olga avait un caractère affirmé, parfois difficile: «Comme celui de mon père»,
nous dit un jour à Gaby et à moi Svetlana dans un sourire.
Quelques années plus tard, Svetlana rentra en URSS pour retrouver ses enfants russes et, sous la pression des autorités soviétiques, renia les États-Unis. Ses enfants refusèrent pourtant
de la revoir. Olga, la jeune Américaine, ne supporta pas l'éducation communiste. Soviétiques et Américains négocièrent
alors son deuxième départ, plus discret celui-là, pour les États-
Unis. À compter de ce jour, sa vie devint un voyage permanent
à travers ce pays qui, c'est le moins qu'on puisse dire, ne fut
jamais ingrat à son égard. Puis, elle s'installa au Royaume-Uni,
où habite sa fille mariée.

Svetlana a aujourd'hui peu de contacts avec ceux de Princeton qui inlassablement l'ont soutenue, protégée, choyée.

Pour ce qui concernait les autres femmes soviétiques, leur
condition, si souvent mise en avant par la propagande communiste, m'avait également déçue. Celles-ci semblaient disposer
dans les années 60 d'un accès plus facile au monde du travail
que dans les pays occidentaux. Au cours de mes séjours d'été
en URSS, je passais volontiers des heures avec elles à boire du
thé et à parler. Certes, elles étaient fières, fortes et courageuses.
Dans les usines ou dans les hôpitaux, à l'heure de la pause,
elles me montraient le visage officiel rayonnant et heureux de
«l'égalité des hommes et des femmes en URSS, grande réali-
sation léniniste», mais au fur et à mesure que l'ambiance se dé-
tendait, elles me racontaient comment, de retour le soir après
les transports en commun bondés, elles devaient faire dans le
froid glacial qui durait six mois de l'année des queues interminables sans savoir ce qu'elles pourraient ramener à manger à
leur famille. Un morceau de saucisson de couleur douteuse ou
quelques choux rouges? Elles rentraient tard chez elles, soit
dans un logement minuscule, soit dans un appartement com-
munautaire où la salle de bains servait avant tout à laver les
draps et les vêtements. Elles lavaient le linge, souvent sans
savon, vers 10 heures du soir, tandis que le mari sortait boire
avec ses amis. Elles ne connaissaient ni les machines à laver ni

la lessive. Elles manquaient de tout, d'ouvre-boîte comme de tire-bouchon. Les voisins sonnaient à n'importe quelle heure de la soirée pour emprunter quelque chose ou pour utiliser parfois l'unique téléphone de l'étage. Ces mêmes voisins se surveillaient entre eux et se dénonçaient volontiers les uns les autres pour obtenir des promotions. Jamais tranquilles et toujours seules, ainsi vivaient ces femmes. Dérangées en permanence, elles ne recevaient aucun soutien de leurs maris qui ne les aidaient jamais dans les travaux domestiques, pourtant beaucoup plus rudes qu'en Occident. Ils préféraient la compagnie de l'alcool qui leur permettait d'oublier l'ennui qui régnait dans ces habitations où l'électricité et le chauffage tombaient parfois en panne au beau milieu de l'hiver.

N'avaient-elles pas accès cependant à des métiers réservés pour la plupart aux hommes en Occident? N'étaient-elles pas médecins, ingénieurs, directrices d'usines? En réalité, ces professions n'étaient pas assorties du même prestige qu'à l'Ouest. Être médecin par exemple, compte tenu de l'absence de médicaments et de produits sanitaires, n'était pas plus considéré que la tâche d'ouvrier dans le monde libre et donnait droit à l'un des plus bas salaires de tout le pays. En définitive, les femmes avaient, avec la révolution d'Octobre, certes gagné en dignité, mais surtout obtenu le privilège de travailler dur, de souffrir d'absence d'aide ménagère et de soutien moral de la part de leurs maris. Par ailleurs, ceux-ci, fort conscients de leur infériorité numérique dans le pays, savaient qu'ils trouveraient toujours une femme contente de s'occuper d'eux. En dépit de cette réalité, à partir des années 70, le nombre de divorces augmenta considérablement, les femmes préférant élever seules leurs enfants et n'avoir plus ainsi à supporter un mari ivre.

Si tout était permis aux hommes, pour les femmes, la morale communiste pesait, dans les années 60, presque aussi lourd que la morale catholique en Espagne. Elle prenait même des allures d'inquisition. Les lettres de délation, toujours bien vues dans les régimes dictatoriaux, parvenaient chaque jour sur les bureaux de directeurs d'entreprises et d'hôpitaux, d'ingénieurs, de chercheurs. Plusieurs femmes, réfugiées par la suite de l'autre côté du rideau de fer, m'ont raconté comment des lettres dénonçant auprès de leur patron leur «conduite immorale et anticommuniste», sous prétexte qu'elles entretenaient des relations avec un homme, bien que divorcées, leur avaient valu d'être mutées au fin fond d'une ville de province où l'eau chaude manquait et où les membres de leur famille, n'obtenant jamais de visa sur leur passeport intérieur, ne venaient guère leur rendre visite. Une de mes amies vécut cette situation: veuve, elle avait osé recevoir un homme à l'heure du thé. Bref, il était encore plus facile pour une femme soviétique que pour un homme de se retrouver sur le chemin de l'exil ou du goulag.

Pour échapper à cet univers étouffant et survivre décemment, il n'y avait qu'une seule possibilité: persuader son supérieur hiérarchique que l'on était digne d'être acceptée au sein du glorieux Parti communiste. Là étaient garantis la promotion sociale, la fin des queues et l'accès à des magasins achalandés, à des hôpitaux du Parti où l'on prenait soin de vous. Grâce au Parti, on était enfin traitée comme un être humain. Pour une femme, cela signifiait ne plus travailler de six heures du matin à minuit et pouvoir souffler un peu. Sous cet angle, le Parti fut un élément de libération pour de nombreuses femmes soviétiques.

J'eus l'occasion de m'entretenir avec elles de la culture française. À la fin du règne de Khrouchtchev et au début des années Brejnev-Kossyguine, l'évocation de la France suscitait la fascination. La France était le pays de la Révolution française, de la Commune, mais aussi du général de Gaulle alors président de la République dont la popularité était immense, plus grande encore en Russie qu'à Paris. La France, c'était aussi les acteurs Jean Gabin, Alain Delon, Yves Montand et Simone Signoret. C'était enfin notre littérature, en particulier Victor Hugo, Aragon, Émile Zola, Simone de Beauvoir et son «mari», Jean-Paul Sartre. On trouvait quelques-unes de ses pièces, et, de Simone, quelques romans. Mais *Le Deuxième Sexe* restait introuvable. Pourquoi le diffuser en URSS où, de toute manière, grâce à l'avènement du socialisme, l'égalité entre les hommes et les femmes était enfin arrivée sur Terre?

«Madame» Simone de Beauvoir, «épouse» de Sartre – personne ne me croyait lorsque je disais qu'ils n'étaient pas mariés –, restait ainsi une femme écrivain française respectable selon les normes communistes. Mais très vite, les réserves de Sartre et de Simone sur la dictature de Brejnev et leur dénonciation des goulags firent que leurs photos disparurent des musées et que leurs livres devinrent introuvables en URSS.

Vers 1965-1966, j'achevais donc mon adolescence dans un climat où de partout la politique et les malheurs de ce monde – ces deux complices – n'avaient pu me laisser indifférente. Où donc trouver bonheur et justice? Dans mon appartement bourgeois et universitaire, entourée de livres, bercée de musique classique et de conversations d'adultes cultivés, je rêvais. Je rêvais à une société meilleure pour les femmes – ma mère me racontait des incidents désagréables qui lui arrivaient encore –, meilleure pour ceux qui souffraient de par le monde. Vers quel ailleurs mon regard pouvait-il se tourner? John Kennedy avait été assassiné en 1963, l'Amérique s'embourbait déjà dans les rizières du Vietnam, et l'URSS se fermait.

Alors, tout en écoutant religieusement chaque après-midi en rentrant du lycée l'émission de radio *Salut les copains!* ainsi que mes idoles Françoise Hardy, Johnny Halliday, Sylvie Vartan, France Gall et ces beaux jeunes hommes de Liverpool, les Beatles, je cherchais un ailleurs plus lointain que ceux de mon enfance. Au son de la *pop music*, je me sentis attirée vers un lieu éloigné dont je ne connaissais ni la langue ni la calligraphie, le mystérieux Empire du Milieu. La Chine de 1965 était en pleine révolution culturelle et revendiquait l'égalité et le respect pour tous. Peut-être allais-je trouver là l'idéal de justice que je recherchais comme d'autres collectionnaient les photos de leur acteur préféré?

Nous étions un petit groupe du lycée Molière – établissement chic du XVIe arrondissement à Paris où avant-guerre Simone de Beauvoir avait enseigné – à avoir trouvé «la vérité». Tandis que nous considérions avec condescendance nos copines de lycée qui collectionnaient les photos du jeune premier Alain Delon, nous avions décidé pour notre part de nous mettre à des lectures sérieuses, celles de Mao Tsê-tung. Plus mes copines de classe de seconde provenaient d'un milieu aisé, plus elles devenaient maoïstes et arboraient un sérieux qu'aucune d'entre nous n'aurait oser critiquer.

Ainsi, au moment où des milliers d'intellectuels chinois étaient exilés aux champs ou mouraient dans des camps sous la surveillance des gardes rouges, je consacrai les années 1965-1966 à la lecture des œuvres complètes du Grand Timonier.

Ma famille observait cela d'un air circonspect, pour ne pas dire amusé. J'avais surpris une ou deux fois mon père et ma mère plongés dans les écrits de Mao, qui occupaient une place prépondérante sur les étagères de ma chambre. Et comme si cela ne suffisait pas, je m'étais abonnée avec mon argent de poche à *Pékin Information,* un hebdomadaire international traduit en une dizaine de langues. Il m'arrivait par avion de Pékin, et j'étais très fière de recevoir, à l'âge de 15 ans, du courrier de la capitale de la république populaire de Chine chaque semaine. Cette fierté redoubla le jour où un paquet recommandé arriva à la maison de Pékin. Mon père le reçut des mains du facteur et attendit que je fusse rentrée du lycée pour découvrir ce que les autorités chinoises avaient bien pu m'adresser. J'ouvris le paquet devant lui et y trouvai un exemplaire gratuit et en français des œuvres poétiques de Mao.

Mais les mois passant, je commençai à me lasser quelque peu de cette littérature. Les propos en étaient trop répétitifs. J'aurais presque pu en écrire les textes de la semaine suivante. Invariablement, les mêmes photos ornaient *Pékin Information* où le Grand Timonier apparaissait avec Lin Piao à ses côtés, tenant à la main le *Petit Livre rouge*. Les articles dénonçaient sur le même ton monocorde et sentencieux l'impérialisme américain, insultaient les Soviétiques et chantaient les louanges de Mao. Ils n'étaient pas différents des discours verbeux et lénifiants des *apparatchiks* marxistes-léninistes soviétiques que j'entendais l'été durant mes séjours linguistiques en URSS. Je ne résiliai pas pour autant mon abonnement, ayant trop peur de passer pour une petite-bourgeoise aux yeux de mes copines du lycée.

Mon attirance pour la justice et l'égalité entre les hommes et les femmes m'incita alors à rechercher des lectures plus vivantes et plus diversifiées. Je passai ainsi des étagères de ma chambre à l'immense bibliothèque du salon familial. Depuis mon enfance, ma mère me mentionnait à l'occasion – et elles étaient nombreuses – les œuvres de Simone de Beauvoir ainsi que les événements qui marquaient sa vie: «Pourquoi n'essayerais-tu pas de lire *Le Deuxième Sexe*?» J'essayai, en effet, mais sans enthousiasme. Qu'est-ce que ce livre pouvait m'apporter de plus sur ce que ma mère m'avait appris sur la condition féminine? Je le lus à petite dose et découvris que je ne savais pas tout. En particulier, je mesurai ce à quoi j'avais échappé de par mon éducation. Pas un instant depuis ma naissance je n'avais ressenti un quelconque complexe d'infériorité ou de culpabilité du fait d'être femme.

Cette force me venait sans doute d'une absence d'éducation religieuse. À la lecture du *Deuxième Sexe*, je compris mieux combien l'inconscient religieux pesait sur la condition des femmes. Je m'aperçus combien cet aspect avait joué et jouait encore un rôle considérable. L'homme, et en particulier l'homme religieux, avait inventé une image de la femme mythique, biblique et païenne. De 20 à 30 siècles de foi et de raisonnement avaient relégué la féminité aux pieds de dieux masculins – le monothéisme judéo-chrétien n'avait fait qu'empirer cette relégation. De tout temps, la divinité avait été d'essence masculine. Créé par un dieu masculin, le premier homme avait succombé par la faute de la première femme. Abraham, Moïse, tous les prophètes jusqu'à Jésus étaient des hommes. Quant aux femmes, vestales ou putains, dans le meilleur des cas, elles pouvaient devenir des saintes. Pendant des siècles, un clergé misogyne avait monopolisé à la fois la religion, la connaissance et la morale. Au Moyen Âge, à une faible majorité, un concile avait reconnu aux femmes une âme.

Simone de Beauvoir, parce qu'elle avait reçu une éducation religieuse, était sans doute mieux armée que d'autres pour appréhender et démonter ce mécanisme. Le scandale naissait de ce regard corrosif sur une tradition et un inconscient d'autant plus puissant que la société dans laquelle fut publié *Le Deuxième Sexe* était imprégnée de principes religieux qui, malgré une apparence de laïcité, semblaient aller de soi. L'ouvrage de Simone de Beauvoir faisait éclater les fondements des rapports entre les hommes et les femmes dans la société française.

Je posai les deux tomes de cet ouvrage qui avait tant marqué ma mère pendant sa grossesse et ouvris *Les Mémoires d'une jeune fille rangée*. Ma vie bascula.

En deux jours, je les lus. Et les années 1965-1966 passèrent sous le signe de *La Force des choses* et de *La Force de l'âge*. Je découvris qu'en France, dans mon pays, à Paris, dans ma ville mère, une femme parfois critiquée se consacrait chaque jour à l'écriture, à l'engagement politique et à la lutte contre les injustices subies par les peuples et par les femmes de tout pays. Une phrase devait marquer ma vie d'adolescente. Lorsque, à 17 ans, Simone de Beauvoir se compare à son cousin Jacques, elle conclut: «Moi, il me faut une vie dévorante, j'ai besoin d'agir, de me dépenser, de me réaliser; il me faut un but à atteindre, des difficultés à vaincre, une œuvre à accomplir. Je ne suis pas faite pour le luxe*.»

La nuit, je passais des heures à lire et relire certains de ses ouvrages. Me revenait alors la phrase murmurée dans le laboratoire de ma mère: «Moi aussi, j'aurai une vie intéressante.» «Une vie, me disais-je, où je pourrai aussi lutter contre l'injustice et pour le respect de l'autre.» J'avais pu observer combien, à maintes reprises, certains hommes, parfois même des collègues de mon père, ne témoignaient pas toujours à ma mère le respect qu'en tant que chercheur scientifique elle était en droit de recevoir. Simone de Beauvoir elle-même était souvent tournée en dérision par de nombreux hommes qui n'avaient décidément pas accepté ses remarques. Je sentais en moi comme un désir de les protéger toutes deux. Ne se battaient-elles pas, chacune dans son monde? Seule dans ma chambre, tandis que les rumeurs de Paris s'estompaient avec la nuit tombée, je rêvais de rencontrer

---

*   *Les Mémoires d'une jeune fille rangée*, Paris, Gallimard, 1958, p. 305.

Simone pour quelques heures, de lui parler, ne serait-ce qu'une fois, et de lui dire combien ses mots me nourrissaient, de cette nourriture qui allait me donner la force de mener une existence indépendante et épanouie. «Moi aussi, plus tard, je serai forte», me disais-je en fermant les yeux et en m'endormant, rassurée par cette certitude.

Lorsque les années du lycée s'achevèrent, un événement m'apporta la conviction que ma vie d'étudiante confirmerait mes rêves de jeunesse. L'occasion en fut, en novembre 1966, la célébration de l'anniversaire de mes 17 ans.

L'émission de radio *Salut les copains!* avait beau me distraire de ma préparation au baccalauréat, je me sentais déchirée. L'Amérique de mon enfance que j'aimais tant s'enlisait chaque jour davantage dans la guerre du Vietnam. Je découvrais régulièrement dans la presse des photos de villages détruits, d'enfants et de femmes brûlés vifs par le napalm déversé au-dessus de la campagne vietnamienne. Nombre de victimes étaient plus jeunes que moi. D'autres avaient tout juste mon âge. Ces images me rendaient malade. Au nom de quelle cause avait-on le droit de détruire, de torturer, de faire souffrir? Les Américains n'étaient même pas agressés sur leur territoire comme nous, Français, l'avions été en 1940. Quelque chose m'échappait.

Le 28 novembre 1966, fut organisé, à la salle de la Mutualité, en plein cœur du Quartier latin, un meeting contre la guerre du Vietnam, en présence de Sartre. Au lycée Molière, parmi mes élégantes copines maoïstes, l'émotion était à son comble. Sartre en personne allait être présent! Mes parents ne m'autorisaient pas de sorties nocturnes l'année du bac, mais on m'accorda cette soirée qui tombait fort heureusement le soir de mon anniversaire.

Ce fut donc une joyeuse bande de jeunes filles de bonne famille qui prit l'autobus 63 qui traversait Paris de la Porte de la Muette à la gare de Lyon, longeant la Seine et les plus belles vues de la capitale. L'arrivée sur la rive gauche, symbole pour nous, lycéennes, du monde étudiant encore inaccessible, me remplit d'impatience: je ne parvenais pas à croire que ce même soir j'allais voir, en chair et en os, le philosophe dont j'avais tant entendu parler.

Quelques minutes plus tard, devant une salle bondée et surchauffée, remplie en majorité de jeunes entre 18 et 25 ans, un petit homme rond pénétra sur scène. Aussitôt, la salle fut prise de tremblements. Les jeunes hurlaient leur enthousiasme, tapaient des mains et des pieds. Ce n'était pourtant pas un concert des Beatles, mais simplement l'apparition de Sartre à une époque où certains philosophes avaient autant de prestige que les chanteurs pop ou les joueurs de football d'aujourd'hui.

Sûr de lui, Sartre, qui s'était assis, tendit son bras droit vers la foule et, par des gestes saccadés de sa main, fit signe à l'assistance en délire de se calmer. Comme des collégiens que nous étions, nous arrêtâmes aussitôt hurlements et piétinements. Dans un silence respectueux, Sartre prit la parole de sa voix grave et grasse, envoûtante. Je n'osais y croire. L'auteur de *L'Être et le Néant*, que j'avais essayé de lire mais auquel je n'avais pas compris grand-chose, se trouvait là, sur l'estrade, et nous parlait. Je regardais autour de moi les visages qui se détachaient dans la pénombre. Ils avaient l'air plus âgés que moi, des étudiants sans nul doute. Je les enviais. Ils étaient libres d'aller où bon leur semblait, dans ce quartier où tant de jeunes avant eux avaient essayé de refaire la France. Je me sentis pleine d'impatience: «Dans un an, je serai étudiante et libre», me dis-je au milieu du discours de Sartre, «et du moins aurai-je eu la chance de l'avoir vu une fois». J'aurais voulu courir vers lui, lui parler de mes lectures, de mes révoltes, de ma soif de justice, mais ce n'étaient ni le lieu ni l'heure. Je le regardai quitter la scène d'un pas tranquille, apparemment indifférent au bruit assourdissant qui salua son départ. Le vieux philosophe – il avait 62 ans – ne se retourna pas. Mais je venais de recevoir le plus beau cadeau d'anniversaire de ma jeunesse. «Adieu Sartre!» me dis-je, nostalgique soudain.

Je ne me doutais pas que, trois ans plus tard, à l'occasion de mes 20 ans, j'allais me retrouver face à lui.

Été 1967: je venais de réussir mon baccalauréat de philosophie et entrais enfin dans le monde des adultes, celui des études que j'attendais avec impatience depuis des années. Depuis mon adolescence, je rêvais de déambuler entre les cafés et les librairies du Quartier latin, de prendre une glace dans la pâtisserie de la rue de l'École de Médecine, de déjeuner à la brasserie *Balzar* proche de la Sorbonne, d'écrire des poèmes en buvant un chocolat chaud épais et velouté à la table des *Deux Magots* où Simone de Beauvoir avait jadis corrigé *Le Deuxième Sexe*, et enfin de me perdre des heures durant entre les rayons des livres et l'obscurité des salles de cinéma où se jouaient les classiques américains et les nouveaux films des jeunes Truffaut et Godard.

La rive gauche de Paris m'attendait et j'en frémissais à l'avance de bonheur.

Novembre 1967: pour mon premier cours à l'université, je dus prendre le train à la gare Saint-Lazare, direction Nanterre, et descendre à la station Nanterre-La Folie. Il faisait froid ce matin-là sur le quai de la gare et dans mon cœur. Habitant sur la rive droite de la Seine à Paris, je n'avais pas obtenu l'autorisation de m'inscrire à la Sorbonne. Je me retrouvais d'emblée en grande banlieue, dans une zone sinistre et sinistrée, réputée pour son bidonville et la destruction de ses habitations insalubres. Je descendis à pas hésitants du train.

«Ainsi, me dis-je ce jour-là, mes jours, mes mois et mes années d'études allaient devoir se passer à La Folie!» La station présentait une apparence de désolation. Pour sortir du quai vide, mal entretenu et sans le moindre abri, où pendaient des fils électriques tordus, il fallait prendre un escalier de fortune en bois. Je montai les marches une à une et eus la gorge serrée. Devant moi s'étendait une rue vide et sale bordée d'un côté par un terrain vague, de l'autre par un mur long de 200 mètres, mal entretenu, au bout duquel surgissait un autre terrain vague. Là, entre les mottes de terre et les moellons abandonnés, s'élevaient, tels des pâtés de sable, des bâtiments modernes et impersonnels entourés de cailloux et de gravats. Seule fantaisie, une piscine plantée au milieu du terrain donnait une note insolite à ce paysage délabré. Un petit panneau indiquait que se trouvait là le campus de la toute récente Université parisienne de Nanterre.

À la place des cafés, des bibliothèques et des cinémas, le béton m'attendait. La culture était censée s'y infiltrer. Devant ce spectacle, je faillis m'enfuir mais, effondrée et incapable de réagir, je m'engouffrai à la hâte dans le premier bâtiment, trempée par les bourrasques de la pluie qui s'était mise soudain à tomber.

Je me retrouvai dans des couloirs sans fin et rectilignes, aux couleurs grise et orange. Étais-je tombée dans une station de métro? La présence de jeunes étudiants de mon âge qui parlaient et riaient à haute voix me rassura. Par-delà le béton, des voix humaines donnaient à ce lieu un peu d'âme.

Les premiers cours me déçurent également. Mis à part les travaux pratiques qui s'effectuaient dans des petites salles, les cours magistraux se tenaient dans de grands amphithéâtres de plusieurs milliers de places où, au loin, un mandarin s'exprimait sur la littérature.

À la cafétéria, je découvris très vite que d'autres étudiants en lettres et en sciences humaines éprouvaient la même déception. Dès le mois de décembre 1967, les critiques fusaient sur la prétention de certains enseignants et le vide de leurs discours. Nous étions venus pour apprendre et nous avions l'impression de réentendre, en moins profond, ce que le lycée, qui était à l'époque de très grande qualité, nous avait appris. Bref, nous avions l'impression de perdre notre temps.

À l'heure du déjeuner, un jeune homme s'asseyait régulièrement à notre table. Tout le monde l'observait. Il passait difficilement inaperçu. De taille moyenne, le corps bien enveloppé, son visage rond était surmonté par une crinière rousse visible de loin. Il aimait rire aux éclats, plus fort que les autres, séduisant une à une les jeunes filles par sa conversation pleine d'humour. Dans cet endroit sombre, il était une étincelle. Un très léger accent nous rappelait ses origines allemandes. Il s'appelait Daniel Cohn-Bendit.

Je n'aimais pas trop qu'il s'approchât de moi car je le trouvais trop entreprenant: «Non, lui dis-je un jour à déjeuner, je ne serai pas le numéro 180 de tes conquêtes.» Il éclata de rire et se tourna vers la jeune fille la plus proche. «Combien de

jours penses-tu rester avec celle-là?» lui demandais-je régulièrement en le croisant dans les couloirs. Il ne semblait pas le
savoir lui-même. Mais il s'entendait bien avec tout le monde
car son caractère était foncièrement bienveillant.

L'automne passa, agrémenté de quelques chahuts sans conséquence. Mais à la cafétéria, les conversations allaient bon
train. Certains cours suscitaient d'amères critiques. Parfois,
pour respirer un peu, nous faisions quelques pas sur le campus
– mot bien pompeux pour le chantier en construction au
milieu duquel nous étions censés parfaire notre éducation. Une
ou deux fois, nous allâmes jusqu'au bidonville, mais cela était
rigoureusement déconseillé: «Vous n'avez rien à faire là-bas!»
nous avait-on fait remarquer. Tant de misère si proche de
nous! Nous avions beau essayer de nous réfugier dans la lecture de poèmes et de textes français du XVIIIe et du XIXe siècle, les surréalistes frondeurs du XXe siècle n'avaient pas perdu
pour autant leur attrait et leur fascination. Dans ce ghetto-
campus, tandis que faisait rage la guerre du Vietnam, nous
nous sentions parqués, exclus, rejetés par nos aînés. Le pays,
maintenant remis de la Seconde Guerre mondiale, haïssait-il à ce
point sa jeunesse? Ce lieu n'était pas un cadeau, mais un exil.
Qu'avions-nous donc fait pour être traités ainsi? Souvent, dès
que nous émettions une critique, nos parents nous rappelaient
qu'à notre âge ils avaient souffert de la faim, du froid et de l'oppression. Nous n'avions donc pas à nous plaindre. Certes, nous
comprenions le fond d'amertume qui subsistait lorsqu'ils
parlaient de leur jeunesse, mais nous aimions leur répondre:
«Nous n'y sommes pour rien.» Nous n'allions pas calquer notre
jeunesse sur la leur afin de leur épargner le goût amer de la
jalousie. Nous étions nés d'hier et voilà que l'on nous jugeait
déjà avec des yeux de procureur. Combien de temps devrions-
nous nous faire pardonner notre bonne santé? Dans cet exil, un
sentiment de révolte commençait à poindre. Nous aussi avions
droit à un environnement décent, comme les étudiants de la
Sorbonne. Le béton n'avait jusqu'à présent jamais garanti ni
bonheur ni culture. Les pierres et le gravier non plus. Lorsque
l'hiver arriva, le ghetto-campus prit une apparence de chantier

à l'abandon. Nos espoirs s'enfonçaient un peu plus dans les montagnes de sable de La Folie.

Pendant ce temps, la politique en France n'avait pas perdu ses droits. Des groupes de jeunes étudiants apparentés aux communistes ne manquaient pas de dénoncer les atrocités américaines au Vietnam.

Cette nouvelle guerre d'Indochine faisait rage et, depuis déjà longtemps, la presse publiait les photos des bombardements américains. Nous n'étions pas nés pendant la Seconde Guerre mondiale. Nous n'avions donc pas connu l'Occupation. Et nous étions trop jeunes pendant la guerre d'Algérie pour nous en être sentis partie prenante. Cette fois, la guerre qui nous concernait se jouait à des milliers de kilomètres de chez nous, entre Saigon et Hanoi.

À Nanterre, les réunions se succédaient pour dénoncer l'impérialisme américain. L'hiver s'était passé dans cette ambiance froide et désolante, et la venue du printemps mettait un peu de baume au cœur de chacun. La perspective des examens nous incitait à travailler. Pour beaucoup, comme pour moi, les vacances de Pâques furent laborieuses. Elles devaient être le prélude à une fin d'année universitaire plus que mouvementée!

Des troubles éclatèrent en mars au dortoir des filles de Nanterre, lorsque des garçons voulurent y passer la nuit. Cela leur était interdit. Puis, François Missoffe, ministre de la Jeunesse et des Sports, vint inaugurer au milieu de gravats le bâtiment de la piscine à l'allure imposante. Nous, étudiants, n'étions pas invités à cette inauguration, mais Dany Cohn-Bendit avait réussi à se faufiler parmi les invités. Il apostropha le ministre:

– Monsieur le ministre, que faites-vous pour les jeunes qui ont des problèmes sexuels?

— Eh bien! je leur dis: Plongez dans la piscine!

Alors, Dany s'exclama en présence des officiels:

– C'est exactement ce que les nazis m'auraient répondu pendant la guerre.

Le trait excessif était une injure mais le jeu insolite et aberrant en était une autre.

Le 22 mars, pour protester contre l'intrusion de la police sur un campus universitaire – cela ne s'était pas vu depuis la Seconde Guerre mondiale –, des étudiants décidèrent d'occuper la salle de réunion des professeurs de l'université toute la nuit. La vision de ces quelques policiers et d'un malheureux panier à salade dans lequel quelques-uns de nos copains – les Enragés – étaient embarqués provoqua un haut-le-corps général. Cette fois, nous avions une réelle motivation pour nous révolter. Nous étions bien opprimés. Certes, ce degré d'oppression peut sembler léger au regard de ce qu'avaient connu nos parents. Mais nous allions enfin agir comme eux: combattre, résister. Ce jour-là, nous eûmes la sensation que notre tour était venu d'écrire l'histoire. Tradition et Révolution: nous étions bien les héritiers de nos parents. À partir de là, tout s'enchaîna très vite.

Les événements qui suivirent sont largement connus. Je voudrais évoquer cependant quelques points particuliers. Je devais revoir Sartre en mai 1968, cette fois sur l'estrade du grand amphithéâtre de la Sorbonne. Entre 1966 et 1968, Sartre et Simone s'étaient élevés à maintes reprises dans la presse et la radio contre la poursuite de la guerre du Vietnam. Mais, depuis le début de mai 1968, on ne les entendait plus. C'était avant tout une révolte de jeunes étudiants. Tout à coup, ils nous semblèrent vieux. Cette fois, Sartre entra, entre les applaudissements et les sifflets. Il semblait plus petit; sa démarche, moins certaine. Il n'eut pas un geste professoral pour arrêter le tumulte de la salle. Il attendit que le silence se fît. Allait-il, cette fois, subir un examen de passage devant nous?

Avant de s'exprimer, il baissa la tête sur le pupitre devant lui. Un minuscule morceau de papier y était posé. Il prit le temps de le lire: «Sartre, sois bref.» Il reposa le papier et parla. Brièvement. Sa voix avait la même inflexion grave et charmeuse, mais le ton semblait moins assuré. Il apportait son soutien au mouvement.

Puis, il partit.

Simone et Sartre restèrent spectateurs pendant ces deux mois qui secouèrent le pays. Ils s'engagèrent beaucoup moins

que lors de la guerre d'Algérie, cette guerre d'une autre génération. En 1968, notre jeunesse prévalait sur tout discours.
Nous n'avions rien à faire de la mémoire du monde, nous
étions l'avenir! Ce ne fut qu'à la chute du mouvement que
Sartre et Simone occupèrent de nouveau en France une place
de premier choix. À l'automne 1968, les deux philosophes
restaient les seuls à défendre cette jeunesse qui en deux mois
avait perdu tous ses idéaux et manqué, sans en mesurer les
conséquences, de mener le pays au bord du chaos.

Les soirs des émeutes, mes parents rentraient du Quartier
latin le visage sombre. Ils devaient leur épanouissement personnel à cette institution française, l'Université, qui leur avait
ouvert ses portes dans un souci d'égalité des sexes et des catégories sociales. Et voilà que leur propre fille, qui avait elle
aussi profité de cet univers protégé, reniait leur raison d'être, le
lieu et l'origine de leur dignité d'êtres humains. Comment
aurions-nous pu nous comprendre en ces instants? Ils avaient
tant lutté dans leur jeunesse, chacun à sa manière, et leur fille
qui, elle, n'avait pas eu besoin de se battre, détruisait ce qui
symbolisait leur deuxième squelette, leur chair, leur oxygène.
En Mai 68, sans le vouloir, je trahissais les miens.

Et cependant, ils étaient à l'origine de ma colère – leurs
propres éloges de la rigueur et de l'honnêteté intellectuelles,
entendus tout au long de mon enfance, m'avaient incitée à
basculer dans ce tumulte.

Dès les premiers jours à la Faculté de Nanterre, je me suis
sentie désabusée par l'enseignement littéraire médiocre et
mondain que l'on nous imposait dans un amphithéâtre de
2 000 personnes.

Ne transparaissaient, dans cet enseignement dit supérieur,
aucune rigueur, aucun respect pour le travail intellectuel. J'attendais des professeurs de l'enthousiasme, de la qualité et du
sérieux. Je ne trouvais devant moi que vide et prétention:
«L'homme vide est plein de lui-même», disait André Malraux.
Je n'ai jamais oublié cette phrase.

En vérité, ce n'est pas contre mes parents que je me suis
laissée entraîner dans cette aventure somme toute dévastatrice,

mais par fidélité à des principes qu'ils m'avaient enseignés et qui, eux, me semblaient, au sein de l'Université française, chaque jour trahis.

Mai 68 n'a pas eu que des aspects négatifs. Dans les rues, tout le monde se parlait, des petits groupes d'hommes et de femmes se formaient et, sans se connaître, exprimaient leurs opinions, leurs espoirs, leurs révoltes, leurs chagrins. Mais à la télévision, à la radio, dans la presse, seuls apparaissaient des hommes. Daniel Sauvageot, Dany Cohn-Bendit, Alain Geismar. Ces trois-là occupaient le devant de la scène. Pas une seule femme. Mai 68 resta une «révolution» organisée, commentée, retraduite par des hommes. Les femmes pouvaient certes manifester dans la rue, soutenir le mouvement, mais elles n'eurent pas droit une seconde à la parole. Une fois de plus, elles furent écartées du processus décisionnel.

Et pourtant, Mai 68 permit aux femmes de sentir que la liberté, qui passe avant tout par la liberté de parole et le droit d'exprimer ses opinions, était possible. Puisque des êtres de toute condition sociale y avaient eu accès pendant un mois à travers toute la France, pourquoi pas les femmes?

Tandis que les groupes gauchistes d'après 1968, une fois encore dirigés par des hommes, continuaient tant bien que mal à survivre à l'après-Mai, les femmes françaises, elles, commencèrent à exister. Cette fois, par le biais du Mouvement de libération de la femme, elles allaient revendiquer et obtenir des droits concrets et réels au sein de la société. Le Mouvement des femmes, qui fut au début méprisé par les hommes de l'époque qui se targuaient de gauchisme et de révolution, fut en réalité la seule véritable révolution de Mai 68. En cinq ans, sous les quolibets, les sarcasmes et les insultes, le Mouvement contribua au bouleversement des lois en France. La femme française allait passer du statut de mineure à celui de majeure.

Mais cette révolution n'a jamais été reconnue. Il est vrai que, à la différence d'autres révolutions de par le monde, il n'y eut aucune effusion de sang, aucun massacre.

Ce ne fut pas non plus une révolution de velours, car elle exhalait chaque jour un parfum de scandale.

Ce fut une révolution profonde et grave, empreinte aussi d'humour et de fous rires.

Une vraie révolution, humaine et chaleureuse, comme on aimerait qu'elles le soient toutes: «Quelle chance vous avez, vous les femmes, d'avoir cette cause qui vous donne une vraie raison de vivre! Nous les hommes, nous n'avons plus aucun idéal vers lequel nous tourner», me dit un jour un jeune étudiant.

Il avait raison. D'une certaine manière, nous allions saisir notre chance et permettre aux femmes de pouvoir vraiment choisir leurs vies.

Simone de Beauvoir avait été silencieuse en 1968. C'était à son tour, elle aussi, de s'exprimer. Il n'est jamais trop tard. Elle avait vieilli depuis la publication du *Deuxième Sexe* en 1949 mais, malgré ses 60 ans, elle était prête à vivre avec nous une deuxième jeunesse.

Chapitre II

La deuxième jeunesse de Simone de Beauvoir

Paris, place de l'Étoile. J'avais grandi intriguée par les mouvements de foule que j'observais parfois autour de la tombe du Soldat inconnu. Les anciens combattants, auxquels mon grand-père, vétéran de Verdun, avait appartenu, se retrouvaient là, leurs habits couverts de médailles, les drapeaux flottant au vent, tandis qu'un membre du gouvernement, président ou premier ministre, déposait une gerbe. Ces cérémonies nostalgiques ravissaient les touristes et même les journalistes, qui ne semblaient jamais lassés de photographier ce site.

Le 26 août 1970, les touristes eurent droit à une surprise. Une dizaine de jeunes femmes, portant une belle gerbe de fleurs, s'avancèrent solennellement vers la tombe et y posèrent la gerbe sur laquelle était inscrit: «À la veuve du Soldat inconnu». Des anciens combattants s'offusquèrent. Leur colère s'amplifia de minute en minute. Des policiers s'approchèrent, s'emparèrent des femmes, les poussèrent dans un panier à salade et les retinrent plusieurs heures. Le lendemain, quelques journaux publièrent une photo montrant ces «femmes hystériques» qui avaient osé «profaner» la tombe la plus vénérée en France. Un journal eut même l'idée d'imprimer: «Manifestation du Mouvement de libération de la femme hier». «Mouvement de libération de la femme»? Ces femmes n'avaient pas encore arrêté cette dénomination. La presse avait été plus rapide qu'elles. Après tout, pourquoi pas? Ce nom n'était pas mal du tout.

Au début, le MLF* ne comptait pas plus qu'une vingtaine de femmes. Mais à la suite de la publicité donnée au Mou-

---

* Dans les années 80, quelques femmes ont déposé le sigle MLF. De ce fait, elles sont les seules à pouvoir juridiquement revendiquer une appartenance au MLF. Pourtant, en 1970, lors de la création du MLF, et pendant les

vement* par l'incident de l'Arc de Triomphe, le nombre passa à une centaine. Si l'on compare ce nombre à celui des membres d'un parti politique, il semble faible. Mais nous sentions que dans un pays centralisé comme la France, si une nouvelle attirait l'attention des médias à Paris, elle se propagerait en quelques heures ou quelques jours à travers le pays. En réalité, l'impact dépasserait alors largement les limites de notre action.

Mais d'où venaient ces femmes? Certaines étaient enseignantes, universitaires, chercheurs, d'autres secrétaires et fonctionnaires de l'Administration. Nombre d'entre elles venaient des groupes gauchistes de Mai 68 qu'elles avaient quittés, déçues de la manière dont elles y étaient traitées. Sur elles pesait le mépris des militants hommes qui ne leur accordaient leur attention que lorsqu'elles se glissaient entre les draps de leurs lits très peu révolutionnaires ou qu'elles se bornaient aux tâches subalternes.

Comme tant de femmes de ma génération, je me retrouvai coincée dans cette situation. Tandis que je préparais une maîtrise de lettres, je passai, en 1969 et début 1970, mes journées dans un appartement exigu de la rive gauche, ayant l'honneur de taper à la machine quelques tracts gauchistes. Ce que nos militants hommes y écrivaient n'était pourtant pas bien dangereux, mais l'atmosphère parisienne était encore tendue et, deux ans après les barricades, le gouvernement surveillait de près le monde étudiant.

Cette pratique de la machine à écrire n'eut pas que des aspects négatifs. Je dois reconnaître aujourd'hui que mes talents de secrétaire m'aidèrent par la suite à taper certains de mes ouvrages. Cependant, l'exercice de cette activité militante se

années où se sont déroulés les événements décrits dans ces pages, aucun sigle ni label n'a été déposé. Pour nous, féministes, le MLF ne devait être ni un parti, ni une structure, ni une hiérarchie. Par ailleurs, aucune des femmes qui participèrent aux réunions chez Simone de Beauvoir mentionnées dans ce livre ne s'est sentie concernée par cette démarche juridique.

* «Mouvement»: c'est ainsi qu'entre nous nous appelions le MLF.

déroulait dans une atmosphère lourde. Au sein des groupes gauchistes, les discussions n'étaient guère possibles. Seule une position «révolutionnaire» était tolérée dans la mesure où celle-ci correspondait en tout point aux propos, naturellement «justes», que tenaient les hommes du groupe.

Un soir, je descendais la rue Bonaparte vers la Seine depuis le carrefour de Saint Germain-des-Prés et les cafés du *Flore* et des *Deux Magots* où nous autres, femmes, savions toutes que Simone, jeune écrivain, aimait à s'asseoir devant les tables de bois pour écrire. Je passais alors devant l'École nationale supérieure des beaux-arts dont les bâtiments étaient devenus familiers aux étudiants depuis les événements de 1968: des assemblées gé-nérales houleuses s'y étaient déroulées, donnant lieu à de vives discussions entre Parisiens de toutes catégories, écrivains, peintres, metteurs en scène de cinéma, tels François Truffaut et Jean-Luc Godard.

Ce soir-là, en novembre 1970, une affiche placardée à l'entrée des Beaux-Arts, sur laquelle était écrit: «Réunion MLF jeudi 20 h», attira mon regard. À quoi pouvait donc ressembler une telle réunion? «Pourquoi cela t'intéresse-t-il?» me demanda le jeune militant gauchiste qui marchait à mes côtés. «Ce n'est qu'un groupe de femmes hystériques. Elles sont folles.» Ma curiosité n'en demeura pas moins vive, mais j'hésitais à m'y rendre seule. Pour une fois, je me sentais intimidée. Je passai ma soirée à appeler toutes mes amies et réussis à persuader l'une d'entre elles à venir voir à quoi ressemblaient ces «femmes hystériques».

Nous arrivâmes à l'endroit indiqué vers 21 heures. Je poussai la porte avec appréhension. La salle résonnait des éclats de rire, des embrassades et des plaisanteries d'une cinquantaine de femmes. Tout le monde semblait s'amuser. Deux d'entre elles nous remarquèrent et entamèrent une conversation avec nous:

— Toi, je ne t'ai jamais vue, me dit une petite blonde sou-riante aux cheveux courts et aux yeux bleus.

— Non, c'est la première fois que je viens ici, répondis-je avec un sourire timide.

— Bienvenue au MLF! J'espère que tu aimes le chant. Nous allons essayer d'écrire un hymne des femmes ce soir. Veux-tu nous aider?

— Avec plaisir.

Marie-Joe, ainsi se faisait-elle appeler, me prit par la main et me guida vers un coin de la pièce, où étaient assises une douzaine de femmes. Elle prit sa guitare et commença de composer. Pendant la moitié de la nuit, nous avons peaufiné des vers, toutes ensemble:

«Nous qui sommes sans passé
les femmes,
Nous qui n'avons pas d'histoire,
Depuis la nuit des temps,
les femmes,
Nous sommes le continent noir...»

À une heure du matin, je quittai la pièce, épuisée et ravie. Je ne m'étais pas amusée ainsi depuis des années. Le lendemain matin, je me réveillai, impatiente à l'idée de participer à la prochaine réunion et à ses fous rires. Cependant, je me considérais encore comme une militante gauchiste qui devait obéir à une hiérarchie masculine dénuée d'humour. Le mouvement étudiant des années 70 était dirigé par des hommes. La question du droit des femmes n'y était pas abordée puisque, nous disaient-ils, les problèmes d'inégalité entre les hommes et les femmes seraient réglés lors de l'avènement de la Révolution. Seules de vagues théories imprégnées de celles de Che Guevara, Marx, Engels, Mao et Trotski les intéressaient, dans la mesure où elles leur permettaient d'ébaucher des dialogues interminables d'une philosophie certes brillante, mais quelque peu fumeuse. Au milieu de cela, les problèmes qu'affrontaient les femmes au quotidien ne leur semblaient en aucun cas présenter un aspect politique. Peu à peu, ce qui devait se produire arriva. M'ennuyant parmi eux, je me sentis de moins en moins à ma place dans ce lieu où personne ne pouvait exprimer ce qu'il ressentait et où aucune femme ne recevait la moindre marque d'estime.

Une nuit où je tapais à la machine un article pour eux, quelques-uns des dirigeants de 1968 entrèrent dans l'appartement. Jean-Claude, un jeune homme brun très beau, partageait ce lieu avec son épouse, Chloé.

Alors qu'ils vivaient dans une des rues les plus agréables de la rive gauche, leur intérieur était des plus modestes car, disaient-ils: «C'est tout ce que les travailleurs français peuvent s'offrir.» Gilbert, bel homme également dans la trentaine qui fumait la pipe sans discontinuer, avait passé son enfance en Tunisie avant l'indépendance et ne cachait pas son intérêt pour les luttes du Tiers Monde. Il semblait apprécier ma compagnie. Il était aussi l'un des dirigeants du mouvement post-1968 et rencontrait Sartre régulièrement, soit seul, soit avec Jean-Claude. Brillants, d'une intelligence vive, ils savaient séduire tout en imposant leurs volontés.

Tous deux étaient ce jour-là d'excellente humeur.

— Devinez ce qui vient de nous arriver? s'exclama Jean-Claude. Nous sortons de chez Sartre et nous lui avons proposé de créer un quotidien.

Je n'en croyais pas mes oreilles. Aucun des deux n'était journaliste, nous n'avions aucune qualification technique et, par-dessus tout, pas un centime. Ce projet utopiste devait pourtant devenir le quotidien *Libération*.

Comme ils semblaient détendus, je pensais que le moment était venu de leur parler de moi. Sur le ton de la confidence, je leur expliquai que j'avais eu l'occasion de me rendre récemment à quelques réunions de femmes. Ils s'arrêtèrent de plaisanter, apparemment choqués. Jean-Claude tendit un doigt menaçant vers moi:

— Qu'est-ce que tu fais là-dedans? Ces féministes sont des hystériques. Elles ne sont pas intéressées par la révolution; tu sais pourtant très bien qu'il faut d'abord faire la révolution et alors seulement la vie des femmes pourra être améliorée.

Gilbert, quant à lui, était devenu très pâle. Il me fixait d'un regard hostile, comme si je l'avais trahi.

Je les observai tous deux, calme et intimidée en même temps, et répondis doucement:

— Mais ces femmes ne veulent pas attendre un avenir qui ne viendra peut-être jamais! Elles veulent l'égalité, la dignité et la liberté maintenant!

Se levant de sa chaise, Gilbert se pencha sur moi et me demanda, d'une voix brisée par la colère:

— Qui te crois-tu? Es-tu avec elles ou avec nous?

Je dus choisir, ce que je fis dès le matin suivant. Nous avions à nouveau rendez-vous, Jean-Claude, Gilbert et moi, au café *Le Bonaparte*, place Saint-Germain-des-Prés, juste au-dessous de l'appartement où Sartre avait vécu si longtemps avec sa mère. Gilbert devait me donner des consignes concernant des tracts politiques à distribuer le lendemain, à six heures du matin, à l'entrée d'une usine. Je commandai une tasse de café pour ne pas rester les mains inoccupées, et murmurai à leur intention:

— Vous savez, je crois que je vais quitter votre groupe. Je me rends compte que j'ai envie de consacrer mon temps et mon énergie à quelque chose qui représente beaucoup pour moi, la cause des femmes.

Dans le café, presque vide à cette heure-là, il y eut comme un silence. Un silence qui sembla durer une éternité. Puis Gilbert, saisissant sa pipe, s'adressa à moi d'un ton condescendant:

— Au fond, je ne t'ai jamais considérée comme une militante. J'ai toujours estimé que tu n'étais qu'une militante touriste.

Ces propos m'atteignirent droit au cœur. Gilbert était alors l'homme que j'aimais et il était là, devant moi, refusant d'essayer de comprendre mes motivations. Par-dessus tout, j'allais le perdre. Cela me parut, en cet instant, inévitable. Il ne m'adressa plus jamais la parole.

Après cette rupture douloureuse, je ressentis à la fois une immense lassitude et une libération. Je venais de m'éloigner d'une relation de soumission pour m'autoriser enfin à exprimer ma vraie personnalité.

Ma vie privée fut, vers la fin de l'année 1970, entièrement consacrée au Mouvement. Les hommes que nous connaissions et auxquels nous étions prêtes à donner notre amour ne prenaient pas en considération ce qui comptait pour nous. Nous n'avions, du moins pour un temps, plus rien à nous dire.

Ce silence dura pour moi quatre ans. Quatre longues années durant lesquelles je n'eus l'occasion d'aimer aucun homme. J'étais ainsi, sans m'en douter, entrée au MLF comme on entre en religion.

«Et les femmes?» me demandaient mes proches, incapables d'imaginer une telle traversée du désert.

Les femmes du MLF, rayonnantes et drôles, étaient certes mes complices les plus intimes, mais je ne les voyais pas comme des êtres de chair. Elles m'apportaient, et cela me suffisait alors, une chaleur affectueuse et sécurisante.

Aucun amour entre 20 et 24 ans! Aurais-je laissé passer mes plus belles années? Je ne le ressens pas ainsi. Ma pensée était concentrée ailleurs. Malgré la solitude, je vécus là des moments passionnants. Sans doute avais-je besoin de cette pause sentimentale pour exorciser ma révolte et me réconcilier avec les hommes.

D'autres femmes qui avaient eu un rôle très actif après 1968 connurent le même parcours. Les militants, en particulier les dirigeants, commencèrent à manquer de femmes autour d'eux.

En novembre de cette même année, Anne, professeur de lycée agrégé d'espagnol, s'avança vers moi au cours d'une réunion et me dit:

— Nous avons entendu dire que tu as une certaine connaissance de la condition des femmes ouvrières et cela nous intéresse. Nous avons une petite réunion chez Simone de Beauvoir dimanche prochain à 17 heures. Peux-tu venir?

Mon cœur se mit à battre fort:

— Oui, je crois que je peux. Mais qu'attends-tu de moi?

— On t'expliquera cela dimanche, mais reste discrète sur cette réunion car Simone travaille avec nous.

— À son âge! Elle est l'une des nôtres?

Stupéfaite, je regardai les femmes autour de moi. Toutes avaient entre 30 et 40 ans. Simone venait d'en avoir 62. Pour ma part, j'atteignais tout juste les 20 ans. Simone m'apparaissait comme une vieille dame, respectable, installée confortablement sur le piédestal de sa célébrité. Cela lui prodiguait, à mon sens, une aura et une distance à notre égard. Pour beaucoup d'entre nous, féministes, le personnage de Simone dépassait par son charisme celui de Mao, de Kennedy ou d'Indira Gandhi, ses écrits ayant déjà changé d'une part notre regard sur le monde, d'autre part notre manière d'être. Comment pouvais-je imaginer adresser la parole à une personne qui disposait d'une telle influence sur le cours du monde?

— Dix-sept heures dimanche prochain, me dit Anne. Et sois à l'heure. Elle ne supporte pas les retardataires.

Lorsque finalement je longeai les murs du cimetière Montparnasse qui séparait les appartements de Sartre et de Simone, j'avais les mains tremblantes, la tête vide de toute pensée. Il pleuvait et, terrorisée, je sonnai à la porte de la rue Schoelcher. Je n'avais guère dormi la nuit précédente. Cela se produisait-il réellement ou étais-je en plein rêve? Que pourrais-je donc dire d'intéressant à cette géante, moi, une étudiante? Allais-je passer pour une idiote? Plus l'heure fatidique approchait, plus je me crispais.

L'immeuble du 11 bis, tout blanc, dans le style des années 20, se tenait devant moi. Je poussai la porte vitrée et pénétrai dans l'entrée. À gauche, la loge de la gardienne, à qui je devais demander où se trouvait l'appartement. N'allait-elle pas, par discrétion, refuser de me donner l'information? Mais la gardienne supposée revêche était en réalité une charmante jeune femme portugaise aux longs cheveux noirs, qui, sans hésiter, me désigna, presque en face de la sienne, au rez-de-chaussée, la porte de Simone. Je respirai profondément, et sonnai.

En une seconde, elle fut là, avec un grand sourire. Mon idole, cette femme à la silhouette fragile de 1,60 mètre à peine, se tenait devant moi. Je n'arrivais pas à le croire. Nous étions exactement de la même taille, petites toutes les deux. J'étais cependant si habituée à la voir à côté de Sartre sur les photos que je la croyais très grande.

Je fus saisie d'émotion par son aspect chaleureux et sa beauté, ainsi que par l'atmosphère qui régnait chez elle, à la fois lumineuse et ouatée.

Il s'agissait d'un studio de peintre, composé d'une grande pièce et d'immenses fenêtres, très hautes. Deux sofas et deux fauteuils jaunes étaient posés sur une moquette mauve. Il était délicat de s'asseoir sur l'un des sofas, où trônait un masque égyptien au regard immobile et mystérieux. Quelques mois plus tard, alors qu'on l'interrogeait sur l'origine de ce masque, Simone répondit d'un air négligent: «Nasser me l'a donné.» Sartre et Simone n'avaient-ils pas abondamment voyagé et été reçus comme des chefs d'État? Mais Simone prononçait les noms des personnalités politiques comme s'il s'agissait du voisin de l'immeuble d'à côté.

Contre les fenêtres, face aux sofas, étaient rangées une armée de petites poupées venues du monde entier, donnant l'impression qu'un régiment d'yeux fixes vous observaient. Ces mêmes yeux devaient être présents lorsque Sartre et Simone passaient une soirée ensemble, écoutant de la musique et buvant du whisky. Autre objet familier, le réfrigérateur participait à leur intimité, caché près de l'entrée derrière une tenture mexicaine.

Les yeux de Simone restaient, eux aussi, très occupés. À regarder, certes, les personnes présentes dans la pièce, mais surtout à scruter l'affreux petit réveil, digne d'un supermarché, qui lui faisait face pendant nos entretiens.

Simone s'asseyait toujours à la même place sur le sofa d'où elle pouvait observer ce qui se passait dans la pièce tout en gardant un œil sur l'heure.

Je regardai l'heure en passant et me sentis mal à l'aise: 17 h 05? J'étais en retard! En réalité, je ne l'étais point. Son réveil était toujours en avance de cinq minutes. J'appris très vite qu'il fallait arriver à ses rendez-vous cinq minutes en avance. Elle ouvrait la porte et répétait inévitablement la même phrase: «Ah! Vous êtes à l'heure!» puis poussait un soupir de soulagement. Rien ne la rendait plus nerveuse que la notion du temps; plus qu'une simple manie, c'était la condition même de sa survie. L'écriture, qui restait la priorité de Sartre et de Simone, nécessitait à la fois temps et capacité de concentration. Leurs activités innombrables, travail littéraire, philosophique, politique, aventures amoureuses, auraient pu occuper leurs journées et leurs nuits. Il n'en était rien.

Simone et Sartre avaient en effet établi des règles strictes d'horaire pour toute activité et réussi ce que personne d'autre ne pouvait organiser à leur place: protéger leur vie privée. Ils connaissaient très précisément la valeur d'une seule minute. Leurs journées étaient divisées par tranches, chacune avec son rôle spécifique. Les matinées et une partie de l'après-midi étaient généralement consacrées à l'écriture. Simone ne répondait pas au téléphone le matin. D'ailleurs, l'aurait-elle voulu, elle ne l'aurait pas pu. Sa ligne était branchée sur un service d'abonnés absents où une opératrice prenait les messages qui lui étaient transmis vers 13 heures, juste avant son départ pour déjeuner. Cet arrangement nous rendait parfois la vie impossible, en particulier pendant les années d'intense activité du Mouvement, entre 1970 et 1975, où il était parfois nécessaire de la voir de toute urgence. Dans certains cas, nous lui envoyions un pneumatique qui lui était délivré dans les deux heures. Alors seulement ouvrait-elle la porte. Ce pouvait être un message de Sartre. Lui non plus n'avait guère d'autre moyen de la joindre le matin; heureusement, me confia Hélène de Beauvoir, il lui arrivait de passer deux nuits par semaine dans l'appartement de Simone. Et de temps à autre, Simone restait dormir chez lui.

L'attribution des heures de rendez-vous procédait d'une subtile hiérarchie. Plus celui-ci avait lieu tardivement dans la journée, plus il révélait le degré d'intimité avec Simone. Lorsque je fis sa connaissance en 1970, ses soirées étaient généralement réservées à ses vieux amis et non aux «jeunes» que nous étions pour elle, bien que, au fil des années, Simone semblât apprécier de plus en plus la compagnie des jeunes femmes du MLF. Michèle Vian, la première femme de Boris Vian et mère de ses deux enfants, fut l'une des compagnes les plus liées à Sartre. Elle nous raconta un jour comment Simone parlait de nous à Sartre: «Aujourd'hui, j'ai vu les filles!» Cela pouvait signifier aussi bien des gamines qu'un lien de filiation. Et n'allions-nous pas devenir un peu ses filles?

Mais revenons à cette réunion à laquelle j'étais conviée. Elle battait son plein dans l'ambiance de cette vaste pièce qui allait me devenir par la suite si familière. La lumière du jour finissant aidait quelques abat-jour à éclairer ce lieu d'une clarté jaune et chaleureuse.

Je m'installai face au masque égyptien dans le fauteuil resté libre. À ma droite, Simone, assise dans l'angle formé par les deux sofas, habillée de son éternelle tunique jaune surmontant un pantalon noir, présidait sans cérémonie. Son silence et son attention lui suffisaient à asseoir une autorité et un charisme indiscutés.

À sa gauche se tenait Anne dont l'accent du midi et les cheveux châtains rappelaient le soleil et la Méditerranée. Professeur d'espagnol, elle débitait les syllabes comme on le fait au-delà des Pyrénées. Entre elle et moi, une journaliste allemande, blonde et de forte taille, riait fort et occupait seule une large place. Alice donnait l'impression d'une femme suffisamment énergique pour exporter outre-Rhin les idées en train de germer en ce lieu. C'est ce qu'elle allait réaliser quelques années plus tard.

Face à elle et sur ma gauche, Cathy, brune autant que l'autre était blonde, auteur d'œuvres poétiques, tendait l'oreille. Assise à ses pieds, Christine, une femme à l'allure très fine, pétillante philosophe et sociologue, décortiquait les idées et les thèmes aux côtés de Gisèle Halimi, dont la voix mélodieuse décrivait les situations avec le professionnalisme de l'avocate et de la juriste. Un scalpel dans un gant de velours: la précision de ses propos rappelait celle des traits du masque égyptien.

Delphine Seyrig, assise sur le sofa en face de moi, blonde et rayonnante, fréquentait avec autant d'assurance le studio de Simone que ceux d'autres mises en scène. En ce lieu, Delphine avait abandonné ses longues robes vaporeuses au profit d'un pantalon. Dans ces veillées d'armes féministes, le pantalon avait un certain succès.

À gauche du sphinx, Claude, une journaliste française élevée aux États-Unis, écoutait avec intensité Maryse qui faisait rire tout le monde tout en rejetant en arrière ses cheveux coupés à la

Jeanne d'Arc. Imaginait-elle en cet instant les futurs combats qui, du féminisme à l'écologie, la mèneraient un jour à la mairie de Perpignan? À côté d'elle et proche du masque égyptien, Annie, une brune Méditerranéenne d'une grande beauté, dont les œuvres romanesques et poétiques allaient être publiées quelques années plus tard, s'exprimait avec la vivacité des femmes du Sud.

Annie S., à l'extrémité du sofa, contrastait aux côtés de Simone par son allure très classique. Vêtue d'un tailleur bon chic bon genre, elle arborait un air sérieux qui cachait un caractère déterminé. Haut fonctionnaire habitué aux lourdes responsabilités, Annie S. avait fait l'économie d'une tenue de circonstance. Enfin, parfois assises par terre, mais chacune très présente, Liliane la sociologue, l'écrivain Monique Wittig et Catherine, photographe, intervenaient régulièrement avec intelligence et chaleur.

Tous les regards et les propos convergeaient bien sûr vers Simone. De l'œil et d'un léger mouvement de tête, Simone acquiesçait, écoutait et encourageait. Avec elle, parce que c'était elle, toutes ces femmes, si diverses mais unies pour un temps par le respect dont on les gratifiait en ce lieu, semblaient prêtes à aller au bout du monde.

Dimanche après dimanche, c'est un peu ce que nous fîmes mais, au lieu d'aller au bout du monde, nous devions simplement le changer un peu.

Je regardai autour de moi, impressionnée. J'étais venue là dans la perspective d'entendre Simone nous transmettre son expérience, et voilà que la dame de 62 ans se tournait vers l'étudiante de 20 ans:

— Et vous, avez-vous des propositions à faire quant à la campagne sur l'avortement?

Ses yeux me fixèrent, et j'eus l'impression qu'en un instant mon être entier était transpercé. C'était apparemment à mon tour de parler et je n'avais aucune possibilité de me dérober.

— Eh bien, puisque le mot *avortement* est tabou, que les gens n'osent pas en parler, il me semble qu'il conviendrait d'établir une stratégie qui obligerait les Français à prononcer ce mot à voix haute. Alors seulement pourrons-nous commencer une campagne sur ce thème. Il faut donc créer une situation exceptionnelle.

Simone approuva et la discussion continua dans ce sens. Ce jour-là, j'appris beaucoup sur son intelligence. J'étais venue écouter et c'était elle qui voulait nous entendre. Sa capacité d'écoute, écoute non passive car elle réagissait très vivement, me laissa admirative. Pendant 16 années, je la vis agir de la même manière, au cours de discussions ou en tête-à-tête, avec une franchise parfois un peu brutale mais où l'interlocutrice se sentait traitée sur un pied d'égalité. À compter de ce jour, je n'eus plus le temps de me sentir intimidée en sa présence. Les idées jaillissaient d'une personne à l'autre à travers la pièce jusqu'à 19 heures. Vers 18 h 45, Simone de Beauvoir commençait à montrer des signes de nervosité, son regard ne fixant plus que les aiguilles du réveil. Elle accélérait le débit de sa parole, ce qui était pour nous difficilement imaginable, puisqu'elle parlait déjà à toute allure. Nous essayions alors d'achever la discussion le plus vite possible, cherchant à ne pas omettre une seule idée, et à 18 h 55, d'un seul élan, nous nous levions toutes en même temps, continuant d'échanger des idées sur le palier. Avant même de nous en rendre compte, nous nous retrouvions sur le trottoir de la rue Schoelcher. La nuit était tombée, les lumières des cafés nous incitaient à achever la discussion en avalant à la hâte une soupe à l'oignon ou un croque- monsieur dans un café du boulevard Montparnasse, à *La Coupole* ou *La Closerie des Lilas*. Inspirées par ces échanges avec Simone, nous continuions sur le même rythme pendant quelque temps. Mais une heure plus tard, après le repas, le silence s'installait. Nous étions épuisées. Pendant des années, ces deux heures me semblèrent un marathon physique, un véritable exercice de concentration. Cela ne me dérangeait pas. Bien au contraire, l'enjeu était exaltant et amusant. Entre deux plaisanteries, nous trouvions des idées pour changer la société française. Elle en avait bien besoin.

Un jour, Anne et Annie S. se rendirent chez Simone afin de lui exposer leur nouvelle idée pour lancer la campagne sur l'avortement:

— Il n'y a qu'une seule manière, c'est de créer un choc pour que les médias et les hommes politiques soient obligés d'en parler. Peut-être enfin les Français se rendront-ils compte à quel point la condition des femmes de ce pays est difficile. Que pensez-vous de l'idée de rédiger un manifeste dans lequel des femmes déclareraient qu'elles ont dû subir, un jour ou l'autre, un avortement?

— C'est une excellente idée!

En 1970, l'avortement était illégal et personne n'osait même prononcer ce mot. Dans ma propre famille, d'éducation libérale et universitaire, je ne l'avais entendu chuchoter qu'une seule fois. Deux ans avant cette discussion, mon père m'avait offert, en guise de cadeau d'anniversaire de mes 18 ans, une consultation chez une gynécologue, afin que je puisse disposer de quelques rudiments d'information sur la contraception. À l'époque, une telle attitude de la part d'un père était exceptionnelle. De retour à la maison après ce rendez-vous, mon père me dit:

— Le jour où tu seras heureuse avec quelqu'un, je ne veux pas que tu te trouves enceinte sans l'avoir voulu. Les avortements clandestins sont horribles. Promets-moi de me prévenir si tu es enceinte et je t'enverrai voir quelqu'un de bien en Suisse.

Je promis. Depuis la fin de la Seconde Guerre mondiale, les médecins suisses s'étaient enrichis grâce aux contributions des Françaises de milieu aisé. Pour les moins fortunées, c'était tout simplement un cauchemar. Elles se faisaient avorter dans des conditions épouvantables, parfois sur des tables de cuisine avec des aiguilles à tricoter. Chaque année, des milliers d'entre elles étaient gravement blessées ou même mouraient. L'avortement clandestin était une torture physique et morale dont on ne parlait pas dans notre société trop contente de ne pas s'en occuper.

Sous l'Occupation, Philippe Pétain avait même fait voter une loi prévoyant la peine capitale pour toute personne pratiquant des avortements. Cette loi fut appliquée à Violette Nozières. Elle fut la dernière femme dans l'histoire de France à être guillotinée.

En 1970, aux États-Unis, l'avortement n'était autorisé que dans quelques États, en particulier la Californie. Les femmes américaines traversaient le continent pour venir avorter à Los Angeles ou à San Francisco. En 1973, date à laquelle l'avortement fut enfin autorisé dans tous les États-Unis, une jeune femme californienne, Carol Downer, mère de six enfants, décida, avec un petit groupe d'amies féministes, d'ouvrir à travers le pays des centres de santé où les femmes pourraient recevoir des soins valables à des tarifs abordables et où seraient pratiqués des avortements dans les meilleures conditions. Carol Downer vint en France en janvier 1974 et contribua par son expérience à concrétiser nos objectifs. Ses centres connurent dans les années 1974-1990 un si grand succès que les femmes américaines et canadiennes de tous milieux sociaux, y compris celles d'Hollywood, se rendirent dans ses Feminist Women's Health Centers.

Au Québec, comme en France, le poids de l'Église se faisait aussi sentir. La législation québécoise sur l'avortement était, comme en France, anachronique. Le Collectif Clio sur l'histoire des femmes du Québec le rappelle fort bien:

«Le Code criminel édicté en 1892 considérait que l'avortement était un crime passible d'emprisonnement à perpétuité; or, dans les années 1960, il se pratiquait chaque année au Canada, estime-t-on, entre 50 000 et 100 000 avortements.»

À la faveur de la réforme du Code criminel, l'État tenta de dissocier morale et législation.

«L'État, proclame Pierre Elliott Trudeau, alors ministre de la Justice, n'a rien à voir dans les chambres à coucher de la nation.»

S'ensuivit en 1969 le retrait de la contraception et de l'homosexualité de la liste des crimes. Mais l'avortement, lui, demeurait un crime: par mesure d'exception, furent permis les avortements pratiqués dans un hôpital sur autorisation d'un «comité thérapeutique d'au moins trois médecins*».

La même année, pendant que se créait le MLF en France et avant même que sa campagne sur l'avortement ne fût commencée, tandis que les femmes américaines se rendaient en Californie, le Dr Henry Morgentaler arrivait à Montréal où il ouvrit une clinique et pratiqua des avortements. Les femmes du Collectif Clio racontent son aventure:

> «Parce qu'il exerce dans une clinique et non à l'hôpital et qu'il ne se soumet pas à l'obligation du comité thérapeutique prévu au Code criminel, sa pratique est considérée comme illégale. Commence alors la longue saga juridique de ce médecin, qui défiera durant 20 ans pourtant au Canada les diverses législations visant à restreindre l'accessibilité à l'avortement.
>
> L'arrestation, le procès et l'emprisonnement du Dr Henry Morgentaler donneront aux forces féministes et progressistes l'occasion de se regrouper. Défilés, spectacles, vente de macarons se succèdent. La presse est largement sympathique à la cause du Dr Morgentaler. Ses procès démontrèrent la difficulté qu'éprouvent les femmes du Québec à obtenir des avortements thérapeutiques. Six ans après l'entrée en vigueur de la loi, 90 % des hôpitaux québécois n'ont pas de comité thérapeutique, ce qui signifie qu'on ne peut y pratiquer l'avortement.
>
> Un jury de citoyens reconnaît le Dr Morgentaler innocent, mais la Cour d'appel du Québec renverse ce verdict, décision entérinée par la Cour suprême du Canada. L'opinion publique se soulève devant l'arrogance des juges qui condamnent celui qui a été acquitté par un jury. Le Dr Morgentaler purge une peine de prison avant de pouvoir continuer sa pratique à Montréal*.»

Alors que l'avortement fut légalisé en France en 1975, il fallut attendre en 1976 l'arrivée au pouvoir du Parti québécois,

---

*   Collectif Clio, *L'Histoire des femmes au Québec depuis quatre siècles*, Montréal, Le Jour, éditeur, 1992, p. 543-544.

dont nombre de membres sont des féministes engagées, pour que soient créées des cliniques de planning des naissances où l'on pratiquât des avortements. Elles furent dénommées Cliniques Lazure, du nom du ministre de la Santé d'alors.

Mais ce ne fut vraiment que 12 ans plus tard qu'enfin, dans le jugement Morgentaler, la Cour suprême du Canada déclara inconstitutionnel l'article 251 du Code criminel: l'avortement ne fut donc plus un crime au Canada. Il a fallu 10 ans de plus qu'en France et 15 ans de plus qu'aux États-Unis pour enfin obtenir gain de cause dans cette lutte.

Revenons à la France des années 70. Pour nous, l'avortement clandestin n'était pas une question à prendre à la légère. Les femmes ressentaient toutes la même peur. L'avortement restait un crime passible de plusieurs années de prison. Une nouvelle loi devait être discutée au Parlement, mais, quoiqu'un peu moins restrictif, son contenu ne différait pas fondamentalement de la loi précédente. L'avortement continuerait à être condamné.

Cette situation devenait insupportable.

Dans notre projet de manifeste, des femmes connues et inconnues allaient déclarer qu'elles avaient subi un avortement. Avec cette déclaration, nous pourrions être attaquées en justice et envoyées en prison. Nous étions prêtes à prendre ce risque pour défendre le droit des femmes à n'avoir que les enfants qu'elles désiraient et pouvaient aimer. Si nous voulions que le manifeste puisse porter, il nous fallait des signatures de femmes connues. Simone et Delphine Seyrig furent les premières à signer. À la réunion suivante du MLF, nous avions fait circuler un papier dans la salle. Toutes les femmes présentes signèrent, souvent en riant. Après tout, cette feuille de papier semblait bien innocente. Comment imaginer que le fait d'y apposer notre nom allait avoir une influence profonde sur nos vies et sur celles des femmes françaises?

Ce soir-là, la discussion sur nos projets eut lieu comme à l'accoutumée. Entre-temps, Simone et Delphine Seyrig téléphonaient à leurs amies connues pour leur demander de signer. La plupart acceptèrent. Des femmes productrices de cinéma, des metteurs en scène comme Agnès Varda, des actrices comme Simone Signoret, et non la moindre, Catherine Deneuve, acceptèrent d'apposer leur nom. Hélène de Beauvoir, sœur cadette de Simone, se joignit à cette déclaration. Elle était aussi convaincue que Simone de l'importance de la démarche. En l'espace de quelques jours, nous réussîmes à obtenir 343 signatures.

Le plus difficile était encore devant nous. Qui publierait ce manifeste? Probablement pas *Le Monde*: la plupart de ses journalistes étaient catholiques pratiquants et sans doute réticents à la dépénalisation de l'avortement. Il nous semblait que seuls deux magazines pourraient s'y intéresser, parmi les hebdomadaires français les plus importants, *L'Express* et *Le Nouvel Observateur*. Nous prîmes contact avec ce dernier. Il fut convenu qu'une réunion aurait lieu entre Simone et le rédacteur en chef du journal chez Anne. Simone, toujours aussi ponctuelle, arriva avec cinq minutes d'avance. Son impatience grandit lorsqu'elle se rendit compte que l'homme que nous devions rencontrer n'était pas aussi ponctuel. Elle risquait de se vexer et de partir.

Quinze minutes passèrent. Simone se leva, de fort méchante humeur, lorsque l'on sonna à la porte. En retard de quelques minutes, Jean Daniel entra dans la pièce, la démarche tranquille, souriant. Tous les sièges étant occupés par les femmes du Mouvement, il s'assit à même le plancher. À présent, comment allait-on publier le manifeste?

Nous tenions, pour notre part, à ce que cette déclaration fût annoncée sur la couverture de l'hebdomadaire. Jean Daniel fit remarquer les risques que cela comportait. Sous le prétexte de trouble à l'ordre public, le ministère de l'Intérieur pouvait décider de faire cesser la vente du numéro. De notre côté, nous lui fîmes remarquer que la présence parmi les signataires du manifeste de femmes connues entraînerait une énorme publicité pour *Le Nouvel Observateur* et que le manifeste pourrait bien faire doubler, voire tripler, la vente du numéro.

Finalement, Jean Daniel accéda à nos demandes. Nous craignions cependant que tout cela fût remis en question au siège du journal, à la dernière minute. Quelques femmes, dont Anne et Annie S., décidèrent de maintenir la pression et se rendirent au marbre du journal la nuit de la mise sous presse.

Leur perspicacité fut récompensée. Le 5 avril 1971, le scandale éclata. Radios, télévisions et journaux répétèrent inlassablement, pour la première fois de leur histoire, le mot *avortement*, transformant en une journée ce mot tabou de la langue française en un mot prononçable. Notre initiative était d'ores et déjà couronnée de succès. Tandis que nos noms apparaissaient, repris par les autres journaux et magazines, quelques signataires rencontrèrent des problèmes sur leurs lieux de travail. Leurs patrons n'appréciaient guère cette publicité. D'autres jeunes femmes découvrirent que leur propre famille ne voulait plus leur adresser la parole. Les églises, le gouvernement, les politiciens étaient offusqués.

Les réactions outragées n'impressionnèrent pas Simone, ni la plupart d'entre nous. Nous avions déjà depuis quelques mois l'habitude d'être insultées. Face au lynchage médiatique, Simone accepta, pour une rare fois, d'être interviewée. Elle estimait que ses écrits répondaient, en particulier dans ses mémoires, à la plupart des questions posées. Mais au nom des autres femmes qui avaient signé le manifeste, elle accepta la publication d'un grand entretien dans *Le Nouvel Observateur*. Pendant ce temps, la police se hasarda à arrêter une ou deux femmes signataires parmi les moins connues. Mais celles-ci, grâce à l'intervention immédiate de Simone et au soutien de l'avocate Gisèle Halimi, furent relâchées dans les plus brefs délais.

En réalité, les réactions les plus vives provenaient de notre entourage. Quelques collègues de mon père, des universitaires, lui demandèrent à la fin d'une de ses conférences si c'était bien sa fille qui avait signé «ce» manifeste «Oui», leur répondit-il d'un ton neutre, à leur grande surprise. Pourtant, ma famille était, comme d'autres, bouleversée. Cette nouvelle était tombée pendant les vacances de Pâques. J'étais alors partie 15 jours aux États-Unis, à Princeton, ce lieu familier de mon enfance et de mon adolescence.

En outre, lorsque je joignis le Mouvement des femmes, je venais de passer une année universitaire dans un collège américain, situé sur la côte est des États-Unis. Mon ancien *boyfriend*, Nicolas, jeune étudiant au doctorat en géologie à Princeton, m'avait invitée à séjourner chez lui. Je me rendis avec lui à New York pour voir une exposition et m'arrêtai à Times Square pour y acheter des magazines français. Je découvris là, enfin, le numéro du *Nouvel Observateur*. L'annonce du manifeste était bien en couverture, et *Le Monde* l'avait publié intégralement. Nicolas se tenait à mes côtés mais, ne mesurant pas l'impact de cette déclaration sur la société française, il me sourit poliment lorsque je lui désignai mon nom sur la liste: «Intéressant», me dit-il, parcourant le texte d'un air d'autant plus distrait que celui-ci était rédigé en français et que je n'avais pas envie de lui en raconter le contenu dans le détail.

Malgré tout, je sentais la tension monter en moi. Quelle serait la réaction de ma famille? Une semaine plus tard, lorsque j'arrivai à l'aéroport d'Orly, personne ne m'attendait. Je rentrai à l'appartement familial, de plus en plus inquiète. J'ouvris la porte d'entrée. Pas un bruit ne filtrait. L'appartement était-il vide? Du vestibule, j'aperçus ma mère, qui, à l'autre bout du couloir, fit semblant de ne pas me voir. Une porte s'ouvrit et mon père apparut, très pâle. Sans même me saluer, il m'interrogea:

— As-tu vu le manifeste?

— Oui.

— Pourquoi ne m'as-tu pas dit que tu avais eu un avortement? Tu m'avais promis de m'en parler au cas où cela t'arriverait, afin que je puisse t'aider.

— Mais je ne t'en ai jamais parlé tout simplement parce que je n'ai jamais eu d'avortement.

— Comment! Tu as signé ce manifeste alors que tu n'as jamais avorté?

— Mais je ne suis pas la seule. Il y a d'autres femmes qui n'ont jamais avorté et qui l'ont également signé. Elles ont simplement voulu, comme moi, briser la loi de silence.

Mon père me fixa du regard, l'air soudain très sombre. Pendant quelques instants, il resta silencieux, puis soudain, s'exclama:

— Tu as signé quelque chose que tu n'as pas fait! Mais c'est un mensonge! Votre manifeste ne vaut rien!

Et il retourna dans son bureau. Pour mon père, aux origines protestantes, un mensonge reste un mensonge même s'il peut trouver une justification exceptionnelle.

Je poussai un soupir de soulagement, bien que je ne me fusse pas attendue à une telle réaction. Et lorsque je réussis à persuader mes parents que je n'allais pas être jetée en prison, ils se calmèrent très vite. Peu à peu, mon père allait d'ailleurs devenir, involontairement, l'un de nos plus fidèles soutiens.

Et sa quiétude allait être grandement compliquée par mon féminisme. Étudiante sans le moindre sou, je vivais encore sous le toit et aux dépens de mes parents. Mon père travaillait à ses théorèmes dans l'appartement familial, où il avait l'assurance de n'être point dérangé. Il pouvait ainsi se concentrer dans un silence total. C'était primordial pour lui car, j'avais pu maintes fois le constater, la moindre sonnerie de téléphone pouvait le perturber.

Après la publication du manifeste, des femmes connues et inconnues téléphonèrent à la maison à n'importe quelle heure de la journée, soit pour discuter des stratégies à adopter, soit pour demander de l'aide. Au début, mon père répondait aux appels d'un ton glacial mais, progressivement, et bien qu'il fût constamment dérangé, il se prit au jeu. Son ton s'adoucit et, si je n'étais pas à la maison, il répondait poliment à ma place. Lorsque je rentrais, souvent tard dans la soirée, je trouvais une liste précise sur la table de la cuisine de noms et numéros de téléphone des personnes ayant appelé, avec en guise de signature «Grosses bises de ton secrétaire particulier». Ma mère n'en revenait pas.

Il m'est alors revenu en mémoire quelle fierté mon père éprouvait à l'égard des femmes de sa famille qui, depuis des générations, avaient de la personnalité. Sa propre mère avait été l'une des premières femmes dans les années 20 à étudier la pharmacie à l'Université de Montpellier et, bien avant elle, dans les années 1900, la grand-mère de mon père était considérée comme l'élève la plus douée en mathématiques de son école, «bonne comme du vinaigre» aimait à dire son instituteur qui, par cette expression, souhaitait la complimenter. Je sentais enfin combien il était fier de la réussite professionnelle et intellectuelle de sa propre femme, ma mère. Ainsi, mon père, qui avait toujours encouragé ma mère, devint, sans s'en rendre compte, un soutien aux activités de sa fille, avec le grade fort honorable de «standardiste», à un moment où peu de femmes du Mouvement pouvaient en dire autant.

*
* *

L'objet du manifeste n'était pas de faire de l'avortement un moyen contraceptif comme un autre. D'ailleurs, dans la France des années 60 et 70, il n'y avait guère eu de publicité en faveur de la contraception et seulement 7 % des femmes y avaient accès. Simone évoque ce point très clairement:

«Il ne s'agissait pas – comme certains détracteurs ont feint de le croire – d'introduire en France l'avortement, ni même d'encourager les femmes à avorter, mais étant donné qu'elles le font massivement – on compte chaque année 800 000 à 1 000 000 d'avortements – de leur permettre de subir cette opération dans les meilleures conditions physiques et morales, ce qui est aujourd'hui un privilège de classe. Bien entendu, les méthodes contraceptives sont préférables. Mais en attendant qu'elles soient connues et pratiquées largement – seulement 7 % des Françaises en âge de procréer y ont recours – l'avortement demeure la seule solution pour celles qui refusent un enfant. Le fait est qu'elles y recourent en dépit des difficultés, de l'humiliation, du danger[*].»

---

[*] *Tout compte fait*, Paris, Gallimard, coll. «Folio», 1972, p. 608.

Novembre 1971: pour poursuivre cette campagne, nous avions organisé, en liaison avec des groupes féministes d'autres pays – États-Unis, Royaume-Uni, Allemagne –, une grande manifestation pour la libéralisation de l'avortement et de la contraception. Nous avions même installé au premier rang des manifestants un cercueil devant lequel était posée la pancarte suivante: «Aux milliers de femmes inconnues mortes d'un avortement clandestin». Des femmes, des hommes, des enfants portaient des ballons et inscriptions: «Nous aurons les enfants que nous voulons!» «Enfant désiré, enfant aimé. Maternité libre». De la République à la Nation, nous avons marché dans un désordre gai et chaleureux.

Simone marchait tranquillement au centre du groupe avec Sylvie, qui allait devenir sa fille adoptive. Elle semblait rayonnante et heureuse de ce défilé.

Nous arrivâmes à la hauteur d'une église où se déroulait une cérémonie de mariage. La future jeune mariée, toute de blanc vêtue, était sur le point d'entrer dans l'église lorsque des manifestants, hommes et femmes, se mirent à crier: «La mariée avec nous!» Celle-ci, apparemment terrorisée, hurla et manqua de s'évanouir. Nous déplorâmes cet incident. Le prêtre apparut très vite sur les marches, parla avec quelques manifestants, et tout rentra dans l'ordre.

Le dimanche suivant chez Simone, nous fîmes un bilan très positif de cette manifestation. Nous étions enchantées de son succès. Il apparaissait clairement que le nombre de personnes protestant contre cette loi inhumaine dépassait de loin les 343 femmes du manifeste. Mais, le moment d'euphorie passé, il convenait de reconnaître que nous ne pouvions pas nous limiter à défiler dans la rue. Nous devions dorénavant passer à l'action, une action qui serait concrète et sortirait le pays de sa torpeur.

La condition des mères célibataires en âge d'être au lycée nous donna l'occasion de commencer une campagne en faveur de la contraception et de l'avortement libres pour les mineures. À l'époque, la majorité n'était atteinte qu'à 21 ans. Ces jeunes adolescentes enceintes, qui souvent avaient été violées par leur père, par un oncle ou par un prétendu ami de la famille, ne pouvaient obtenir, faute de moyens, un avortement clandestin dans de bonnes conditions. À leur malheur d'être pauvres et violées s'ajoutait le fait qu'elles étaient automatiquement chassées du lycée lorsque le corps enseignant découvrait la grossesse. Elles n'étaient même pas autorisées à retourner à l'école après la naissance de l'enfant. Toute possibilité de formation professionnelle, sans parler du baccalauréat, était perdue. Enfin, comme si leur solitude et leur détresse ne suffisaient pas, leurs propres familles qui ne voulaient en aucun cas que leur entourage, et en particulier leurs voisins, soit au courant de la grossesse de leur fille les chassaient de la maison.

Mais où donc pouvaient-elles se rendre? Personne dans leur famille, pas même des cousins à la campagne, ne voulait s'occuper d'elles. Pour ces jeunes filles abandonnées, l'État français avait créé quelques «foyers» pour futures mères célibataires. Le mot *foyer* ne reflétait nullement l'atmosphère de ces maisons. En réalité, celles-ci ressemblaient à des maisons de correction pour jeunes filles «coupables» car, dès leur arrivée, elles étaient, quelle que fût l'explication de leur grossesse, jugées et traitées ainsi.

Un jour, Simone fut alertée sur la situation du foyer du Plessis-Robinson, dans cette banlieue de Paris petite-bourgeoise et sans attrait. Le foyer lui-même était installé dans une vaste maison, tout en haut d'une colline entourée d'arbres. Claude L., qui y travaillait comme éducatrice, souhaitait attirer notre attention sur les conditions injustes faites aux pensionnaires. Abandonnées par tous, leur avenir brisé dès l'adolescence, elles n'étaient autorisées qu'à apprendre à coudre, à tricoter et à cuisiner, c'est-à-dire à devenir de bonnes maîtresses de maison, des épouses modèles, un statut que précisément la société leur refusait par avance. Une jeune fille-mère ne pouvait prétendre à devenir une bonne épouse. Presque aucun homme n'aurait voulu d'elle. Et cette réalité, les jeunes filles la connaissaient.

Elles vivaient là, dans un grand dortoir, sans la moindre intimité. Leurs lits étaient si étroits qu'il leur était difficile de se reposer convenablement pendant leur grossesse. En semaine, il leur était interdit de se promener dans la rue ou d'aller faire des courses. Elles n'étaient autorisées à sortir que deux heures le samedi après-midi. Lorsqu'elles déambulaient dans les magasins de la petite ville du Plessis-Robinson, elles devaient se déplacer deux par deux et étaient aussitôt repérées par les passants qui s'amusaient parfois à les siffler ou à leur pincer le ventre.

À l'exception des autres, l'une d'elles attendait l'enfant de son petit ami. Elle l'aimait sincèrement, mais n'avait pas le droit de le revoir. Un soir, les jeunes filles sentant son chagrin invitèrent le jeune homme à venir au foyer. Il monta en grand secret rejoindre celle qui l'aimait dans le dortoir tandis que toutes les jeunes filles s'étaient installées dans la salle du bas, laissant le couple enfin seul pour la première fois depuis des mois. Mais la directrice du centre, une femme à l'allure pincée et sévère, remarqua soudain qu'une pensionnaire manquait. Elle grimpa l'escalier au pas de course et découvrit les deux jeunes gens.

La suite bouleversa à jamais la vie des jeunes filles et du foyer. Le lendemain, la directrice téléphona aux parents de la jeune fille, leur racontant ce qu'elle avait pu constater par elle-même, et les informa qu'ils ne disposaient que de 48 heures pour venir chercher leur fille. Le père arriva, saisit sa fille par les cheveux, la jeta à terre et commença à la battre. Enceinte de huit mois, l'adolescente hurlait de douleur. Claude, l'éducatrice, essaya de s'interposer. La directrice la saisit violemment par le bras et se mit à crier: «Ne vous mettez jamais entre un père et une fille!» Le père continua alors de battre sa fille, la laissant à même le sol, inanimée.

Cette fois, les jeunes filles enceintes qui avaient observé la scène se révoltèrent. Elles supplièrent Claude d'appeler le MLF au secours. Elles étaient décidées à briser la loi du silence. Par téléphone, l'une d'elles déclara, d'une voix bouleversée, qu'en réaction aux mauvais traitements qu'on leur infligeait elles avaient l'intention d'entamer une grève de la faim. Leur grossesse n'arrêterait pas leur détermination.

Cette décision suscita une véritable panique au sein de l'établissement. En 24 heures, le ministère de l'Éducation nationale décida de fermer ce lieu de subversion. La directrice envoya une lettre aux parents, les informant qu'ils disposaient d'une semaine pour venir chercher leurs filles. Elles-mêmes étaient à présent terrorisées, craignant de subir le même traitement que leur condisciple. «Venez le plus vite possible!» nous supplièrent-elles.

Mais nous devions procéder avec la plus grande circonspection afin d'éviter que l'endroit ne fût encerclé par les policiers lorsque nous arriverions. L'occupation projetée ne pouvait réussir que si elle était effectuée par surprise. Nous avions néanmoins invité quelques journalistes de la télévision et de la radio à se joindre à nous le dimanche matin suivant.

Ce matin-là, le foyer installé en haut de la colline semblait encore plus sinistre dans le froid et le brouillard. L'atmosphère rappelait une maison hantée digne de figurer dans un film d'horreur.

Je m'y étais rendue une fois la semaine précédente, prétendant être une cousine de l'une des filles. Ainsi avais-je pu repérer les différentes entrées de l'établissement et m'assurer qu'elles ne seraient pas fermées à clef.

Nous étions alors une petite quarantaine, renforcées par deux voitures de journalistes et accompagnées par Simone et Delphine Seyrig. Nous arrivâmes à la porte principale du parc qui entourait le foyer. Celle-ci, contrairement à notre plan, était verrouillée. Je me tournai vers Simone et lui dis: «Pourquoi ne pas aller sonner à la porte?» Simone sonna. En un instant surgit un gros homme de haute taille, le regard hostile. Il ouvrit la petite porte de service, baissa les yeux vers Simone, minuscule face à lui, et grogna:

— Que voulez-vous?

Simone, dont la voix brillante et vive était d'habitude très audible, murmura:

— Nous aimerions entrer.

— Non! lui répondit l'homme au visage blafard. On n'entre pas!

Simone poussa un soupir et, sans insister, se tourna vers moi et répéta: «On n'entre pas.»

Je soupirai à mon tour. J'eus l'impression que tout allait s'achever avant même d'avoir commencé lorsque, soudain, on entendit un bruit violent. Deux femmes du Mouvement venaient de taper du pied dans la grille de la porte principale, qui, comme par enchantement, s'était ouverte. Avant même que le gardien n'eût le temps de s'en rendre compte, nous courions vers le haut de la colline en direction du foyer, tirant Simone par la main. Une minute plus tard, nous étions à l'intérieur de la maison, dont les verrous avaient été ouverts par les jeunes filles qui nous attendaient.

À notre étonnement, l'administration de l'Éducation nationale avait dû être prévenue de notre action. Debout, figée et les lèvres serrées, la directrice nous attendait dans le salon. À ses côtés se tenait un inspecteur de l'Éducation nationale, en imperméable et l'air un peu effaré, qui commença à dialoguer avec nous. Un inspecteur le dimanche matin? Celui-ci devait avoir passé la nuit du samedi au foyer. Nous étions donc attendues.

Très vite, quelques-unes d'entre nous coururent vers les téléphones. Entre-temps, Simone s'installa sur une des chaises du salon avec les pensionnaires. Elle déclara aussitôt à l'inspecteur, qui lui adressait un sourire timide, qu'elle ne quitterait pas l'établissement tant qu'elle n'aurait pas eu un entretien avec un des responsables du ministère de l'Éducation nationale.

Aussitôt, en notre présence, l'inspecteur s'approcha de l'un des téléphones et appela, à son domicile privé, le vice-recteur de Paris. Dix minutes après notre arrivée, Simone avait obtenu un rendez-vous pour le lendemain, dans l'après-midi du lundi.

— Parfait, dit-elle. Les femmes du Mouvement resteront ici jusqu'à ce que nous connaissions le résultat de l'entretien de demain. En attendant, je vais interviewer certaines de ces jeunes filles sur leur vie dans ce foyer, car je souhaite que les Français et les Françaises entendent leurs témoignages à la radio.

Simone saisit le micro et le magnétophone que lui tendait un journaliste, et pour la première fois, ce fut elle qui se mit à poser des questions. Les jeunes filles ne semblaient pas intimidées. Elles avaient même l'air ravi qu'on leur fournisse enfin l'occasion de raconter leur histoire.

Nous étions bouleversées. Pour la première fois, et nous espérions la dernière, nous avions devant nous des femmes très jeunes, presque des enfants, enceintes. Leur petite taille et leur corps de jeunes adolescentes donnaient à leur ventre bombé une apparence difforme. Au début, il nous était difficile de nous comporter avec aisance. Les journalistes, de leur côté, s'impatientaient. Les responsables des stations de radio les avaient prévenus que leur reportage serait retransmis en direct. L'une après l'autre, les jeunes filles commencèrent à raconter à la journaliste Simone de Beauvoir comment leur vie avait été brisée par leur grossesse. Toutes les cinq minutes, Simone, qui les écoutait intensément, exprimait un point de vue politique et féministe sur leur condition et ses implications dans la société française, implications dont elles-mêmes n'étaient pas toujours conscientes. L'atmosphère s'alourdissait de minute en minute, comme chargée par le poids émotionnel des mots prononcés.

Dans la salle de réfectoire, quelques-unes d'entre nous étaient installées à écouter la radio. Entre deux morceaux de musique, il y avait des informations. L'on entendait soudain, dans cette France encore ensommeillée du dimanche matin, la voix au débit rapide de Simone et celles, si jeunes, trop jeunes, de ces futures mères. Ce n'était assurément pas un dimanche ordinaire. Nous occupions un bâtiment public et les policiers commençaient à encercler le parc.

Allaient-ils nous arrêter? Ils ne semblaient guère bouger, malgré le froid. La présence de Simone et de Delphine, évoquée à plusieurs reprise à la radio, semblait, une fois encore, nous protéger.

Vers midi et demi, alors que la plupart des interviews étaient passées sur les ondes, le visage de Simone se crispa. Elle s'avança vers moi et me chuchota en rougissant:

— Vous vous souvenez que vous m'avez promis que je serais de retour à Paris à deux heures moins le quart?

Je souris malgré moi. Je savais qu'habituellement elle déjeunait vers 14 heures le dimanche avec Sartre et Sylvie, à *La Coupole*. Dans cette brasserie que nous aimions tous, le patron, un homme digne et élégant alors âgé d'une soixantaine d'années, arpentait, midi et soir, les rangées de tables, adressant toujours un mot aimable au client, en dépit du bruit et de la foule. Il savait aussi, avec discrétion, veiller sur Sartre et Simone, et n'installait personne à la table qui jouxtait la leur, leur conférant ainsi le statut quotidien de clients privilégiés.

Je savais aussi que jamais Simone ne m'accorderait plus sa confiance si je lui faisais manquer son rendez-vous dominical. Très vite, je courus d'une personne à l'autre, suppliant les uns et les autres de bien vouloir rentrer à Paris. Mais personne n'y tenait, car tous vivaient un moment extraordinaire. L'un des journalistes de la radio accepta finalement de raccompagner Simone.

Ils quittèrent le foyer, dans la plus grande discrétion, par la porte de service. Nous avions peur qu'à la minute où Simone s'en irait la police chargerait, nous arrêterait et ruinerait tous nos efforts. Simone et le journaliste descendirent lentement la colline pour rejoindre la voiture, se cachant, comme des enfants, derrière les arbres. Pendant ce temps, nous contrôlions tous les téléphones, afin que ni la directrice ni l'inspecteur n'eussent l'idée de prévenir quiconque de leur départ.

Nous nous préparâmes pour la nuit. Nous avions emporté des sandwichs, du café et de l'eau minérale. Lorsque le soir tomba, une des jeunes filles se leva, mit un disque et s'exclama:

— Et si on dansait?

Ainsi, jusque tard dans la nuit, filles enceintes et femmes du Mouvement dansèrent en poussant des cris joyeux. Depuis combien de temps ces adolescentes avaient-elles eu l'occasion de s'amuser?

Le lendemain matin, quelques féministes endormies quittèrent le centre en voiture, emmenant avec elles quatre jeunes filles enceintes. Elles se rendirent ensemble au rendez-vous de

Simone avec un haut fonctionnaire du Rectorat de Paris. Celui-ci les accueillit d'un ton glacial. Selon ses propos, ces filles étaient seules coupables de leur état. Leurs familles et la société n'avaient aucune responsabilité en la matière. Simone sursauta, et réagit très vivement à ce langage, comme elle le raconta dans *Tout compte fait*:

> «Invitée à s'expliquer, Lucienne, une des futures mères, a dit qu'elles revendiquaient l'émancipation et un secours leur permettant d'élever leur enfant. En effet, tandis que le mariage suffit à émanciper une jeune fille de 15 ans, la mère célibataire demeure à 17 ans passés sous la coupe de ses parents: ceux-ci décident si elle gardera ou si elle abandonnera le nouveau-né. Ils choisissent souvent l'abandon et c'est la société qui les y oblige; elle considère que le bébé appartient à la mère de l'accouchée; cependant, au lieu de lui donner une subvention supplémentaire, elle lui retire la part d'allocations familiales à laquelle sa fille lui donnait droit, sous prétexte que celle-ci ne fréquente plus le collège! C'est une mesure si inique qu'elle a plongé dans la stupéfaction moi-même d'abord et toutes les personnes à qui j'en ai parlé. Les exigences de Lucienne étaient donc absolument justifiées... Lucienne et ses camarades réclamaient aussi qu'une lycéenne ou une collégienne enceinte ne fût pas automatiquement chassée par le chef de l'établissement: ‹Mais ce qu'on fait, c'est pour votre bien, a dit le recteur. Les parents d'élèves exigent votre renvoi.› Bien sûr; pour pouvoir nier qu'une adolescente ait des instincts sexuels, il faut traiter en brebis galeuses celles qui y ont cédé. Les parents qui refusent à leurs enfants, et surtout à leurs filles, toute éducation sexuelle craignent que l'initiée ne les arrache à une ignorance qu'ils veulent prendre pour de l'innocence. Mais pourquoi l'Université leur cède-t-elle? C'est ce que j'ai demandé au recteur et Charles-André Julien a rappelé le cas de Senghor: des parents ne voulaient pas que leurs fils eussent pour professeur un Nègre et Senghor avait été néanmoins maintenu à son poste. La vérité, c'est que l'Université partage les préjugés des

vertueux parents et tient les adolescentes pour des coupables. Les coupables en cette affaire, ce sont les parents et la
société. Il y a aujourd'hui en France plus de 4 000 mineures,
de 13 à 18 ans, qui sont enceintes: si elles avaient reçu une
éducation sexuelle, la plupart d'entre elles auraient agi avec
plus de prudence*.»

Simone accusa ensuite les parents et la société d'empêcher
les jeunes, filles et garçons, d'avoir accès à la contraception. À
l'époque, il était très difficile d'obtenir auprès de son médecin
une ordonnance pour un produit contraceptif quelconque.
Quant à la pilule, la plupart des médecins ne voulaient même
pas en entendre parler. Aujourd'hui, où les statistiques sont
mieux connues sur les abus commis contre les enfants et les
jeunes adolescentes, l'on se rend mieux compte de l'innocence
de ces jeunes filles.

Au cours de la discussion serrée avec le haut fonctionnaire
du Rectorat, Simone s'indigna de l'hypocrisie de la société française, qui n'offrait aucune éducation contraceptive digne de ce
nom mais qui, dans le même temps, traitait ces jeunes mères
célibataires à la fois comme mineures et coupables. Le représentant du recteur finit par prendre l'engagement que la législation
pour ces jeunes mineures enceintes ainsi que leur situation
sociale seraient réexaminées. La possibilité de retourner au lycée
après la naissance du bébé recevrait une attention particulière de
la part des autorités.

Cet entretien provoqua, dans son ensemble, notre satis-
faction. Nous savions en effet que l'État, à ce jour, ne pouvait
s'engager plus en avant, et de plus, nous avions gagné sur un
point majeur: les médias avaient rendu, en quelques jours, cette
cause populaire. Pour une fois, la presse, qui se plaisait souvent
sur un ton ironique à déformer nos propos et à les rendre ou-
tranciers, s'était contentée de décrire ce combat d'un ton neutre,
parfois même sympathique. En réalité, il apparaissait clairement,
à travers les articles de presse et les commentaires des radios,
que notre action n'avait pas été un soutien à des femmes riches

---

* *Tout compte fait*, Paris, Gallimard, coll. «Folio», 1972, p. 611-612.

mais bien plus une aide à des femmes de milieu modeste. Et cela, les femmes et les hommes de notre pays l'avaient senti.

Quelques jours plus tard, je rencontrai, en sortant de chez moi, la gardienne de mon immeuble. Jusqu'à ce jour, elle n'avait guère manifesté de sympathie à l'égard du Mouvement des femmes, nous considérant comme excentriques. Ce matin-là, elle lavait le sol de l'entrée. Lorsque je dus passer devant elle, la gardienne ne leva même pas la tête vers moi. J'entendis, cependant, sa voix chuchoter à mon endroit:

— C'est très bien ce que vous avez fait dimanche, vraiment très bien. Moi aussi, j'ai connu une jeune fille à qui c'est arrivé. C'est vraiment très bien.

Elle s'arrêta de parler, puis elle releva son visage qui me souriait enfin. Je venais de recevoir l'un des plus beaux compliments de ma vie.

En l'espace de deux ans, la société française accepta progressivement l'idée qu'une femme puisse avoir un enfant sans pour autant être mariée. Les femmes professeurs de lycée non mariées et enceintes furent enfin autorisées à enseigner. Avant les années 70, celles-ci étaient obligées de prendre un congé durant toute leur grossesse, évitant ainsi de donner le mauvais exemple à leurs élèves.

*
* *

À travers nos actions, nous avions certes fait de grands pas vers l'émancipation de la femme française. Mais nous n'étions pas pour autant satisfaites. L'avortement continuait d'être illégal et clandestin. Les Françaises se rendaient encore fréquemment en Suisse ou aux Pays-Bas pour avorter. Mais tout le monde ne pouvait s'offrir le luxe de tels voyages. Un groupe de médecins décida alors de pratiquer sur place, à Paris et dans quelques villes de province, des avortements illégaux dans des conditions humainement acceptables. Ces hommes et ces femmes médecins prenaient le risque d'être emprisonnés et de se voir interdire à jamais l'exercice de la médecine. La police plaçait des voitures en bas des immeubles où les médecins exerçaient, surveillant ainsi toutes les allées et venues et terrorisant, par leur présence visible, les femmes qui venaient subir une intervention «clandestine».

Dans ces conditions, pour se protéger et protéger également ces femmes en détresse, les médecins demandèrent à des personnalités de leur prêter occasionnellement leur appartement. Il était évident que la police hésiterait à intervenir dans l'habitation d'une personne dont le nom risquait d'être cité, voire soutenu par la presse. Selon la rumeur, Simone aurait prêté son studio régulièrement. Je n'ai pas eu l'occasion de vérifier par moi-même la véracité de cette affirmation. Elle me semble plausible. Simone n'avait pas peur que la police vînt chez elle. Bien au contraire, cela lui aurait fourni une occasion supplémentaire de s'exprimer sur les ondes pour prendre la défense des femmes. Et la police le savait. D'autre part, cette menace d'une intervention des forces de l'ordre chez elle lui semblait bien peu de chose en regard des multiples menaces d'attentat qu'elle avait reçues pendant la guerre d'Algérie. À cette époque, l'appartement de Sartre avait été détruit par une bombe posée par les hommes de l'OAS*.

Les médecins qui risquaient leur vie professionnelle pour ces femmes pratiquaient ces interventions sans attendre ni honoraires ni reconnaissance. Certains d'entre eux ne cachaient pas cependant leur étonnement qu'aucune de ces femmes n'exprime le moindre mot de remerciement ni à leur endroit ni à l'endroit des femmes qui les secondaient. L'avortement venait d'être pourtant réalisé à leurs risques et périls. Il n'en coûtait alors que 50 francs, tout juste de quoi payer le matériel et les produits requis. La plupart donnaient rapidement la somme et sortaient de l'appartement, tête baissée, sans saluer, comme si elles ne s'étaient jamais trouvées là. Pour Simone et pour les médecins, cette attitude provenait de ce que ces femmes devaient être terrorisées à l'idée d'être arrêtées. Simone me raconta un jour que plus les femmes venaient d'un milieu modeste, plus elles

---

* Organisation armée secrète, contre l'indépendance de l'Algérie.

étaient volontiers disposées à exprimer leur gratitude. Certaines ont tenu, par reconnaissance, à joindre le Mouvement.

*
* *

Vers la fin de l'année 1971, le MLF commençait à prendre sa place au sein de la société française. Simone continuait de nous recevoir le dimanche après-midi. Elle semblait apprécier notre compagnie, notre jeunesse, notre humour. Elle-même prenait part plus volontiers à nos fous rires. Elle se mit à mincir et à embellir. «Simone rajeunit!» s'exclama un jour Alice. Elle avait raison. Certains des vieux amis de l'auteur que nous connaissions nous racontaient combien Simone était fière de nous. Elle semblait aussi, en nous voyant, heureuse de se changer les idées. Sartre déclinait. L'écrivain devenait, pour son plus grand malheur, aveugle. L'entourage de son secrétaire particulier Benny Levy pesait de plus en plus. Cet homme ne semblait guère apprécier Simone. Aussi, lorsque nous tenions compagnie à Simone, tout se passait-il dans une bonne humeur communicative. Nous nous adressions à elle comme à une personne de notre âge. Simone nous a donné une jeunesse passionnante. Lui avons-nous offert, par la même occasion, une seconde jeunesse? Je le crois.

Un dimanche, nous abordâmes, presque par inadvertance, la conclusion de son ouvrage. Pour Simone, l'émancipation de la femme s'inscrivait en 1949 dans l'avènement du socialisme:

> «Quand la société socialiste se sera réalisée dans le monde entier, il n'y aura plus des hommes et des femmes mais seulement des travailleurs égaux entre eux[*].»

Déjà en 1972, pour la plupart d'entre nous, le socialisme avait vécu. Il n'était plus une référence obligatoire. Trop de sang et d'oppression l'avaient disqualifié. Je rappelai à Simone mes expériences soviétiques:

— Nous avons vu ce que donne le socialisme en URSS ainsi qu'en Algérie. Les femmes qui ont lutté au sein du FLN

---

[*]   *Le Deuxième Sexe*, tome II, Paris, Gallimard, coll. «Idées», 1949, p. 986.

ont été priées, à l'indépendance, de retourner dans leurs cuisines. Alors, ces fausses promesses d'une société meilleure et ces fausses égalités au sein d'une société socialiste, nous, cela ne nous intéresse pas.

— Ce que nous voulons, ajouta Maryse en se levant de son fauteuil, c'est une libération et l'égalité tout de suite!

Simone réagit aussitôt:

— Je suis entièrement de votre avis! Les femmes sont malheureusement les perdantes des révolutions!

Cette détermination commune fut marquée par une tournée générale de whisky.

— Simone, ajoutai-je en levant mon verre, votre conclusion du *Deuxième Sexe* ne vous semble-t-elle pas aujourd'hui dépassée?

— Oui, je le reconnais volontiers, mais en 1949 nous placions encore tous nos espoirs dans le socialisme. Vous savez bien que ce n'est plus le cas.

— Dans ces conditions, s'exclama Maryse, qui nous servait encore à boire, la vraie conclusion du *Deuxième Sexe*, c'est nous qui allons la réécrire au jour le jour!

Simone devait confirmer plus tard l'enthousiasme partagé ce jour-là en écrivant dans *Tout compte fait* un résumé présentant les propos sur ce sujet:

«Si j'ai pris part à ces manifestations, si je me suis engagée dans une action proprement féministe, c'est que mon attitude touchant la condition de la femme a évolué. Théoriquement, je demeure sur les mêmes positions. Mais sur le plan pratique et tactique, ma position s'est modifiée...

Que la femme soit fabriquée par la civilisation et non biologiquement déterminée, c'est un point qu'aucune féministe ne met en doute. Là où elles s'éloignent de mon livre, c'est sur le plan pratique: elles refusent de faire confiance, elles veulent prendre dès aujourd'hui leur sort en main. C'est sur ce point que j'ai changé: je leur donne raison.

Le Deuxième Sexe peut être utile à des militantes: mais ce n'est pas un livre militant. Je pensais que la condition féminine évoluerait en même temps que la société... Maintenant, j'entends par féminisme le fait de se battre pour des revendications féminines... et je me déclare féministe*.»

Quelques semaines plus tard, et sans le soutien de quiconque, nous organisions les Journées de dénonciation des crimes contre les femmes à la Mutualité.

Avec la vivacité de notre jeunesse et celle d'une femme redevenue jeune, avec aussi le succès obtenu dès le début de nos actions, nous étions disposées à aller encore de l'avant. Si en moins de deux ans il y avait eu des changements considérables dans les mentalités, si des mots hier tabous étaient à présent couramment usités dans la presse et les médias, il restait cependant des causes non résolues. Outre l'avortement toujours interdit, le viol, par exemple, était encore considéré comme la faute des femmes. Et le cas des femmes battues relevait, pour la société, de la vie privée et donc de l'intimité familiale.

Aussi avons-nous considéré qu'il était temps de briser l'hypocrisie de «l'ordre privé» qui permettait de maintenir avec efficacité la loi du silence. Il était temps de présenter devant un public français des témoignages de femmes sur ces sujets soigneusement évités: le viol, les femmes battues, les mères célibataires, l'avortement, l'inégalité des salaires. Mais cette fois, la parole ne serait pas donnée en priorité aux femmes connues. Ce n'était plus indispensable pour faire entendre nos revendications. À présent, place devait être faite aux femmes anonymes prêtes à raconter leur vécu.

Avec l'accord de Simone, nous avions décidé d'organiser un week-end pour les femmes dans une des grandes salles connues de tous les Parisiens, la Mutualité. Située sur la rive gauche, cette salle avait déjà abrité des réunions très vives, notamment pendant la guerre d'Algérie et la guerre du Viêt-nam. Inviter les femmes à s'y réunir, inviter le public à y découvrir le MLF, cela représentait en soi tout un symbole.

L'organisation de ces deux journées nous prit un an. De mai 1971 à mai 1972, date de l'événement, nous fûmes nombreuses

---

*   *Tout compte fait*, Paris, Gallimard, coll. «Folio», 1972, p. 613.

à nous réunir régulièrement. Il fallait former des groupes de travail et contacter des centaines de femmes dans toute la France pour en dénicher quelques-unes acceptant de témoigner.

L'enthousiasme, comme à son habitude, régnait durant les réunions. L'humour aussi. Mais ces deux attitudes furent bientôt tempérées par une question majeure. Le Mouvement des femmes, n'étant qu'un mouvement et non un parti, ne disposait pas d'un centime. La location de la Mutualité pour 2 jours nous obligeait à trouver rapidement une somme considérable – environ 40 000 francs de l'époque, soit l'équivalent de 100 000 francs en 1995. L'argent devait être versé intégralement avant le début du week-end.

Le dimanche de 1971 où nous avons évoqué les questions d'intendance, Simone nous rassura aussitôt en déclarant qu'elle nous donnerait 10 000 francs. Delphine Seyrig, qui fit également un don généreux, téléphona à ses amies du milieu du cinéma, obtenant ainsi d'autres contributions. Enfin Simone, qui n'appréciait guère les interviews, accepta de publier un entretien avec Alice, la journaliste allemande qui participait à notre Mouvement, dans *Le Nouvel Observateur* la même semaine que le week-end de la Mutualité. Cela nous fit une énorme publicité.

Le soutien financier de Simone ne nous surprenait pas. Elle était, comme Sartre, connue pour sa générosité. De nombreuse femmes en France ont été aidées financièrement par Simone sans jamais le savoir: «Dites-leur que c'est un don du MLF.» À cela elle ajoutait, comme Sartre: «Et surtout pas de remerciements.» À ce rythme-là, aucun des deux ne disposait de beaucoup d'argent. D'ailleurs, à la fin de sa vie, Sartre, à force de payer tous les procès de *Libération*, vivait sans le moindre sou. Au début de sa parution, *Libération* critiquait le gouvernement de façon parfois virulente. Celui-ci rétorquait en portant plainte. Généralement, il gagnait, et *Libération* se retrouvait obligé de verser des sommes considérables, parfois des dizaines de milliers de francs. Sartre, assumant la direction du journal, devait payer les amendes. Michèle Vian nous racontait combien Sartre ne reculait jamais devant ses engagements envers *Libération* comme envers ses amis. Ruiné, il vécut à même l'argent de Simone les dernières années de sa vie.

Pour revenir à la préparation de ces journées de la Mutualité, 2 jours avant le week-end fatidique – 12 et 13 mai 1972 – il nous manquait encore 4 000 francs. Cette fois, notre enthousiasme s'était évanoui. Aucune d'entre nous ne disposait d'une telle somme. Et nous risquions de voir la réservation de la salle annulée par le gérant de la Mutualité. Nous courions au désastre.

Ce jeudi 10 mai 1972, je me trouvais, avec quelques femmes du Mouvement, dans notre local minable de la rue des Canettes, à deux pas des églises Saint-Sulpice et Saint-Germain-des-Prés. L'ambiance y était à la fois survoltée et déprimée, lorsque le téléphone, une fois de plus, se mit à sonner. Je décrochai.

— Êtes-vous le MLF? demanda une voix de femme charmante au téléphone.

— Oui, répondis-je pour la vingtième fois de la journée, agacée et épuisée.

— Enfin! je vous trouve! Cela fait quatre jours que je vous cherche dans tout Paris! Ma productrice veut vous faire un don de 4 000 francs pour vos journées de la Mutualité!

Je restai sans voix, abasourdie. J'avais l'impression de rêver. Exactement la somme dont nous avions besoin! Je lui proposai de me rendre immédiatement au bureau de cette productrice. Elle refusa et insista pour se déplacer en personne. Lorsque j'aperçus une jeune femme ravissante et élégante, vêtue d'un chemisier et d'un pantalon de soie, qui déambulait à travers notre quartier général gai mais miteux, je me sentis embarrassée. Allait-elle changer d'avis? Téléphoner à sa productrice et lui décrire l'état de nos bureaux? Je lui offris une chaise pliante et, de mon ton le plus mondain, l'invitai à s'asseoir parmi nous. Puis, elle s'en alla et je la raccompagnai très courtoisement à la porte. Deux minutes après son départ, j'attrapai ma veste et courus jusqu'au métro. Vingt minutes plus tard, je me trouvais dans le bureau du gérant de la Mutualité, essoufflée, pouvant difficilement reprendre ma respiration.

Je n'eus pas le temps de m'asseoir. Le gérant se mit à m'invectiver:

— Ce n'était pas la peine de venir! Vous n'avez pas réglé le montant total! J'annule votre réunion!

— Mais, monsieur, nous avons l'argent! criai-je à mon tour. Le voici!

Et je déposai d'un geste vif l'argent liquide sur son bureau. Il me regarda d'un air mauvais. Était-il déçu? Avait-il subi des pressions pour nous refuser l'accès de la salle? Il prit l'argent sans me regarder. Son argument ne tenait plus. La salle était enfin à nous!

Et ce fut le samedi, ce samedi tant attendu par nous toutes depuis un an. Des stands avaient été installés pour que le public puisse venir acheter des publications féministes, des badges... Une garderie d'enfants avait été organisée dans une petite salle que nous avions aussi louée pour l'occasion. Ce furent des hommes, tous volontaires, qui s'occupèrent ce jour-là des petits. La salle principale, celle qui nous avait occasionné tant de soucis, pouvait contenir 5 000 personnes. Elle se remplit rapidement. Sur la scène, dès l'après-midi, des femmes commencèrent à raconter leur vie et les brimades subies dans le monde du travail. Ces histoires personnelles prenaient un tour de plus en plus émotionnel.

Simone, le premier jour, avait préféré se mêler au public. Elle s'était assise dans une rangée du milieu de l'orchestre et bavardait avec Olga, qui avait inspiré le personnage de Xavière dans *L'Invitée*. Elle semblait heureuse et vibrait aux applaudissements.

Ce soir-là , les gens venus à cette première Journée de dénonciation des crimes contre les femmes rentrèrent chez eux et racontèrent à leurs amis ce qu'ils avaient vu et entendu. De même, la presse et la radio accordèrent une place non négligeable à l'événement. Nous allâmes nous coucher tard dans la nuit, pleines d'espoir pour le lendemain.

Le dimanche, en fin de matinée, une foule énorme essayait d'entrer dans la Mutualité. Partout des femmes, des hommes, des enfants se bousculaient dans les grands escaliers qui menaient à la salle. Simone arriva, rayonnante. Le succès lui avait donné confiance. Cette fois, elle ne s'installa pas dans l'un des fauteuils rouges de l'orchestre. Elle se dirigea aussitôt vers les coulisses et regarda la salle de derrière un rideau. Les minutes, les heures passèrent. Nous nous rapprochions du moment crucial de ces journées: les témoignages publics de femmes anonymes sur leurs avortements. Comment la foule ici réunie allait-elle réagir? Je me sentis à la fois pleine d'espoir et d'appréhension. Très émue elle aussi, Simone me demanda de lui apporter une chaise que l'on installerait derrière les rideaux. Aussitôt assise, elle nous regarda, Delphine, Liliane et moi, et dit en rougissant: «Je prendrais bien un whisky!»

Nous avions pensé à tout, sauf à cela. Dans la fébrilité des préparatifs, nous n'avions pas une seconde imaginé l'impact émotionnel de ces journées sur Simone.

J'étais la plus jeune des trois, donc la plus disponible pour courir lui chercher son whisky. La tâche s'annonçait ardue. Il allait falloir me faufiler à travers la foule qui avait envahi jusqu'à l'arrière-scène de la Mutualité et ramener le whisky le plus discrètement possible, sans le renverser, tandis que cette même foule grossissait et rendait toute circulation pénible. Je me faufilai à travers les spectateurs, le verre tenu au-dessus de mon bras droit tendu vers le ciel comme celui de la statue de la Liberté, et réussis à sauvegarder et whisky et glaçons.

Simone poussa un soupir de soulagement en me voyant revenir et avala la consommation avec un tel plaisir que je me sentis récompensée de cette expédition imprévue. Elle semblait à présent plus détendue, prête à affronter les milliers de femmes qui s'entassaient dans la salle, des dizaines d'entre elles s'apprêtant à rester debout tout l'après-midi. L'ambiance était de plus en plus électrique. L'avortement était interdit, et voilà que des femmes inconnues allaient témoigner, en public, d'un acte à la fois illégal, jugé criminel, et profondément intime.

Une situation aussi extraordinaire ne s'était jamais produite en France. À 3 h 30 de l'après-midi, Simone, encadrée par une dizaine de femmes, entra en scène. Pour ajouter au caractère solennel de leurs témoignages, la salle fut aussitôt plongée dans l'obscurité. Tandis que sur la scène les femmes s'asseyaient en tailleur à même le plancher, le silence s'installa. Chacun, chacune retenait son souffle.

Les interventions se succédèrent, sur un ton parfois dramatique. Il s'agissait de témoignages d'avortements clandestins, réalisés souvent dans des conditions humiliantes ou brutales. Certaines en gardaient des séquelles physiques permanentes. Entre chaque prise de parole, Simone intervenait pour leur apporter son soutien moral et replacer chaque phrase dans une perspective politique et féministe. Des femmes dans l'assistance pleuraient. Certaines d'entre nous, cachées derrière le rideau de scène, ne pouvaient retenir leur émotion. Françoise Fabian, dont chacun a en mémoire les rôles dans les films de Costa-Gavras, et Delphine Seyrig étaient également là, à nos côtés, bouleversées. Comment le public pouvait-il imaginer que, derrière la scène, se trouvaient des femmes du monde des lettres, des arts et du spectacle, des femmes certes n'ayant aucun souci financier mais qui étaient là, en cette journée, prouvant ainsi que par-delà les différences sociales la souffrance, la douleur, la colère et la complicité des femmes étaient les mêmes pour toutes? Pendant des siècles, les femmes n'avaient pas eu le droit à la parole sur ces sujets. Nous étions convaincues qu'après ces deux Journées de dénonciation des crimes contre les femmes les choses ne seraient jamais plus les mêmes.

*
* *

Malgré l'évolution des mentalités, nous sentions qu'indirectement nous étions complices des autorités. Celles-ci n'avaient pas besoin de prendre de position officielle sur la question de l'avortement. Les médecins qui aidaient le MLF prenaient des risques énormes en pratiquant des avortements clandestins sur des femmes dans le besoin, organisant de leur propre chef des réseaux d'infirmières et de médecins à travers la France. Cette situation ne pouvait pas durer.

Un dimanche après-midi de 1974, au cours de notre réunion chez Simone, l'avocate Gisèle Halimi nous informa de la visite d'une femme à son cabinet. Celle-ci était venue lui demander de défendre sa fille qui allait passer en justice pour avoir eu recours à un avortement.

Le cas était particulièrement affligeant. La femme qui avait rencontré Gisèle Halimi travaillait à la RATP et élevait seule, avec son salaire très modeste, ses enfants dont sa fille Marie-Claire. Malgré le manque d'argent, ils formaient une famille très unie. La jeune Marie-Claire avait eu un compagnon, dont elle s'était séparée. Lorsqu'elle se rendit compte qu'elle était enceinte, sa mère lui proposa de garder l'enfant et de l'élever. Mais Marie-Claire ne voulut pas. Sa mère commença alors à chercher autour d'elle quelqu'un pouvant pratiquer l'avortement, bien évidemment clandestin. L'avortement fut réalisé par une faiseuse d'anges sans qualifications médicales. Les risques étaient grands, tant juridiques que physiques. Ils étaient ceux que prenaient depuis des générations les femmes qui, par dizaines de milliers, étaient obligées de subir un avortement clandestin.

Quelques jours plus tard, Marie-Claire réitéra à son ami que tout était fini entre eux. Il refusa d'accepter la rupture, partit en claquant la porte et dénonça Marie-Claire.

La police se rendit sur les lieux du «crime», arrêta Marie-Claire, sa mère et la faiseuse d'anges.

Cette dénonciation nous remplit aussitôt de colère. Il n'y avait plus d'hésitation possible. Nous devions intervenir, afin que le procès bénéficiât du plus grand retentissement dans les médias. Nous devions créer l'événement. Gisèle Halimi proposa d'organiser une manifestation place de l'Opéra à 18 h 30, à l'heure d'affluence, quelques jours avant le procès. Nous savions que la télévision et la radio seraient sur les lieux.

Les médias nous aidèrent même plus encore que prévu. Le comportement de la police y fut également pour quelque chose.

La manifestation commença de manière pacifique. Des femmes et des enfants portaient des ballons et jouaient ensemble. Mais au milieu du vacarme de la circulation l'on entendit gronder un bruit de motos. Des motards de la police fonçaient sur nous. Les gens se mirent à crier, les enfants à courir dans tous les sens et certaines d'entre nous furent matraquées.

Le Monde réagit vivement le lendemain en dénonçant, dans un article publié en encadré sur la dernière page du journal, la violence démesurée de la police à l'égard de femmes et d'enfants.

Cet article rendit service à toutes les femmes. Radios, télévisions, tous les médias se déclarèrent à leur tour scandalisés. Avant même de commencer, le procès de Marie-Claire était devenu une affaire nationale.

Pendant ce temps, nous préparions le procès. Gisèle Halimi pensait que la victoire ne pourrait être acquise que si des personnalités indiscutées du monde médical, comme le Prix Nobel Jacques Monod, des actrices et des femmes écrivains venaient témoigner à la barre. Le jour de l'ouverture du procès, nous arrivâmes de bonne heure le matin au tribunal. Celui-ci se trouvait dans une banlieue peu favorisée de Paris-Bobigny. La salle d'audience encerclée par des policiers en uniforme faisait penser à une forteresse. Le public n'y était pas encore admis. Pour marquer notre présence et souligner notre action, nous manifestions en chantant et en criant des slogans pour la libéralisation de l'avortement. L'attente dura deux heures. Le procès allait commencer.

Nous étions toujours dehors, à manifester dans le froid et le vent, lorsque le policier devant lequel je me trouvais me chuchota:

— Bon, passez. Faites vite. Ce n'est pas parce que nous sommes face à vous que nous sommes contre vous! Nous aussi, nous avons des femmes dans notre vie! Allez, dépêchez-vous!

Avant même d'avoir compris ce qui se passait, une dizaine d'entre nous avions franchi le cordon de police. Nous pouvions désormais accéder à la salle d'audience.

Nous fûmes surprises de découvrir la salle déjà remplie de policiers en civil, habillés d'imperméables caractéristiques dignes des films d'Humphrey Bogart. Avec nos vêtements colorés, nous offrions un contraste saisissant avec le public déjà présent. Étonnées, nous occupâmes les quelques chaises encore libres. Nous avions l'impression que quelque chose d'important allait arriver qui engagerait l'avenir des femmes en France.

Devant nous sur notre gauche siégeaient Gisèle Halimi, Marie-Claire, sa mère et la femme qui avait pratiqué l'avortement. Comme les jours précédents, la mère de Marie-Claire semblait calme et son visage reflétait une profonde détermination. Cette femme nous inspirait le respect. Bien que d'origine modeste, elle ne semblait pas impressionnée par le déploiement des médias autour d'elle et de sa fille. Elle avait une conception simple et précise de la justice et rien ne pouvait l'arrêter.

Les trois juges entrèrent et tout le monde se leva en silence. Je fus immédiatement frappée par l'aspect de ce tribunal. Ces hommes qui se tenaient au-dessus de nous drapés dans leur robe noire allaient juger trois pauvres femmes. C'était le monde des hommes contre le monde des femmes.

Après une introduction très sèche du président et le réquisitoire du procureur de la République, Gisèle Halimi prononça sa plaidoirie et fit ensuite venir à la barre les témoins de la défense, tous connus ou respectés dans leur profession. En premier lieu, deux professeurs de médecine témoignèrent: le Dr Milliez, catholique et favorable à l'avortement libre, et Jacques Monod, Prix Nobel de médecine. Leurs propos visaient à démontrer que d'un point de vue biologique l'avortement n'était pas un crime. Les juges leur posèrent des questions d'un ton glacial. Lorsque des femmes connues arrivèrent à la barre, leurs visages se fermèrent plus encore.

Delphine Seyrig entra dans la salle d'audience d'une démarche de *star*. Son attitude était à l'opposé de celle qu'elle adoptait, le dimanche, chez Simone. Ici, Delphine était prête à jouer un autre rôle, celui que son public adore, plein de mystère.

Pendant qu'elle prêtait serment, les cris provenant de la manifestation autour du tribunal résonnaient dans la salle. Chacun, chacune avait en mémoire que la loi prévoyait qu'une femme ayant subi un avortement dans les trois dernières années pouvait être arrêtée sur-le-champ.

Gisèle Halimi prit alors la parole:

— Madame Delphine Seyrig, puis-je vous demander si vous avez déjà eu un avortement?

— Oui, répondit Delphine d'une voix douce et mystérieuse, tandis que son visage s'éclairait d'un sourire rêveur.

Il y eut des mouvements divers dans la salle.

— Silence! s'écria le juge, ou je fais évacuer la salle.

Gisèle Halimi continua:

— À quelle époque remonte votre dernier avortement?

Delphine hésita, prit un air songeur, puis s'exclama:

— À trois jours!

Les juges nous regardaient, l'air de plus en plus sévère. Mais visiblement, personne n'allait oser arrêter Delphine.

— Qu'avez-vous ressenti lorsque l'avortement fut fini? demanda Gisèle.

De nouveau, l'actrice de *L'Année dernière à Marienbad* prit une pose dramatique et répondit:

— Un immense soulagement.

Les juges baissèrent les yeux et rougirent. Nous de même. Nous ne voulions en aucun cas être expulsées.

De sa même démarche élégante, Delphine quitta les lieux.

Enfin, la personne que tout le monde attendait allait pouvoir s'exprimer.

Simone surgit de la salle des témoins et marcha à vive allure, le visage fermé, apparemment de fort méchante humeur. Je regardai ma montre. L'heure du déjeuner était déjà fort avancée. Nous étions à une heure de voiture du boulevard Montparnasse et de *La Coupole*. Simone allait être en retard à son déjeuner avec Sartre! Je poussai un soupir de soulagement. Aujourd'hui, je ne pouvais en aucun cas me sentir responsable de ce retard.

Elle fit face aux juges et déclina son nom. Un huissier lui apporta discrètement une chaise qu'il plaça derrière elle.

— Vous pouvez vous asseoir si vous le souhaitez, dit le juge à Simone.

— Bien sûr que je peux m'asseoir.

Et elle le fit.

L'atmosphère était lourde. Les juges, le procureur général ne se comportaient plus avec la même agressivité qui avait caractérisé leurs propos précédents. Simone semblait toute petite sur sa chaise. Cette sensation ne dura qu'un instant. Elle s'adressa aux juges d'un ton magistral. Il est vrai que, jeune agrégée de philosophie, elle avait enseigné avant-guerre à Marseille puis au lycée Molière à Paris. À présent, elle donnait un cours aux juges masculins sur ce que peut être la vie des femmes.

— Monsieur le juge, dit Simone en pointant son doigt vers lui, savez-vous ce que la société dit aux petites filles? Au lieu de leur dire: «Lorsque vous serez grandes, vous allez devoir nettoyer le parquet, faire le ménage, faire la cuisine, vous occuper des enfants, enlever la poussière des meubles, passer l'aspirateur, bref être une servante», eh bien! au lieu de cela, savez-vous ce que l'on dit aux petites filles, monsieur le juge?

Les juges rougissaient, une fois encore, les yeux baissés sur leur pupitre. Ils ressemblaient à des petits garçons qui avaient commis une mauvaise action et qui attendaient que leur mère veuille bien arrêter de les gronder.

— Eh bien! monsieur le juge, on dit aux petites filles, dans une grande excitation: «Vous allez vous marier!»

Le sermon de Simone continua pendant près d'une demi-heure. Une demi-heure dont les juges doivent encore se souvenir. Personne ne l'interrompit.

Lorsque l'auteur du *Deuxième Sexe* s'arrêta de parler, le président du tribunal lui posa la question suivante:

— Puisque vous êtes pour la libéralisation de l'avortement, êtes-vous également pour la libéralisation de l'usage de la drogue?

De sa chaise, Simone le fixa droit dans les yeux et lui répondit d'un ton froid:

— Je ne vois vraiment pas le rapport.

Le président se déclara prêt à passer la parole au procureur général. Celui-ci souhaitait-il poser quelques questions? Ce personnage de la magistrature a coutume d'interroger les témoins, mais ce jour-là, cet homme, au regard exceptionnellement doux et au crâne chauve, semblait intimidé. Il rougit violemment, et plus encore lorsqu'il répondit, les yeux baissés, qu'il n'avait rien à ajouter. Pendant ces quelques instants, il n'osa pas croiser une seule fois le regard déterminé de Simone. Il avait l'air si ému qu'il nous faisait presque pitié. À compter de cette minute, nous étions pleines d'espoir quant à l'issue du procès. Cette fois encore, la couverture des médias fut excellente. Mais il nous fallut attendre deux semaines pour connaître le jugement, deux semaines d'attente où chaque minute nous sembla une éternité. Et puis, le jour attendu arriva. Nous étions anxieuses. L'avenir de la condition des femmes en France allait se jouer en cet instant. Même la mère de Marie-Claire montrait des signes de nervosité.

Les juges entrèrent dans la salle d'audience, le visage fermé, dans un silence total. Le président lut le jugement d'une voix monocorde tandis que toutes les femmes présentes se mettaient à pousser des cris de joie et à applaudir. Des peines symboliques étaient prononcées. Après l'énoncé du jugement, le président, qui savait que ses propos allaient être rapportés dans toute la France, s'autorisa un commentaire inattendu sur la loi qu'il venait d'appliquer. Le magistrat souligna le caractère désuet de la loi et la nécessité pour le législateur d'en revoir les fondements.

Ce fut une victoire extraordinaire dont le souvenir résonne encore dans nos mémoires. Pour la première fois dans l'histoire de notre pays, l'avortement n'était plus considéré par la justice comme un crime. De plus, les Français venaient d'élire un nouveau président, Valéry Giscard d'Estaing, qui avait, au cours de sa campagne électorale, promis de s'intéresser à la condition des femmes de son pays. Aussitôt élu, il tint parole. Une proposition de loi libéralisant l'avortement fut présentée au Parlement par le ministre de la Santé, Simone Veil. Pendant les délibérations, qui durèrent à l'Assemblée nationale une journée et une nuit entières, Simone Veil fut insultée, chahutée par certains députés, des hommes pour la plupart, qui utilisèrent un vocabulaire d'une grossièreté indigne de ceux qui prétendent représenter la République et ses citoyens. Ce combat fut mené par une femme seule, face à une arène de plus de 500 hommes. Mais cette solitude ne lui faisait pas peur. D'autres épreuves, comme la déportation, avaient déjà requis son courage et sa détermination.

À l'aube, la loi fut votée. L'aurait-elle été sans le combat acharné d'une femme dotée d'un tel charisme? Simone Veil avait, comme ma mère, rencontré des obstacles et l'hostilité de ses pairs lorsqu'elle était jeune magistrate. En elle, nous nous reconnaissions et nous la respections. En moins de cinq ans, malgré les injures reçues, nous avions réussi à changer la perception des femmes. Et cela nous faisait chaud au cœur.

*
* *

Jusqu'en 1972, notre action avait été orientée sur la condition des femmes françaises, mais nous étions conscientes que les mêmes problèmes existaient dans d'autres pays. Nous connaissions toutes le Women's Liberation Movement aux États-Unis, grâce notamment aux ouvrages de Betty Friedman, Shulamith Firestone et Kate Millett. Nous savions aussi que, plus près de nous, la situation était bien pire dans le Portugal des années 70. Même si le sentiment européen n'était guère développé alors, l'annonce de l'arrestation de femmes portugaises, les trois Maria, pour leur écrit *Les Nouvelles Lettres portugaises*, jugé antireligieux, déclencha une réaction immédiate de solidarité. Lorsque des féministes portugaises prirent contact avec Simone, celle-ci nous en fit aussitôt part. Nous décidâmes d'organiser une manifestation de soutien qui se déroulerait en coordination avec les mouvements féministes européens et américains et aurait ainsi lieu le même jour dans plusieurs capitales. Simone accepta de m'accompagner le lendemain à la Préfecture de police. Nous devions obtenir une autorisation pour défiler dans les rues de Paris.

Ce fut alors que je découvris combien son combat pour l'indépendance de l'Algérie avait placé Simone dans des situations dangereuses. Elle avait reçu de nombreuses menaces de mort à ce moment-là. Souvent des militants avaient dû dormir devant sa porte, afin de prévenir tout éventuel attentat. De telles mesures n'étaient pas excessives. L'appartement que Sartre partageait avec sa vieille mère, place Saint-Germain-des-Prés, fut plastiqué et en partie détruit. À compter de ce jour, Simone devint plus prudente. Si elle ne modifia guère son mode de vie, elle restait sur ses gardes.

Nous attendions un taxi dans la rue Schoelcher. Une femme surgit du coin de la rue, et nous demanda l'heure. Simone recula aussitôt. Je m'approchai de l'intruse et la regardai fixement du haut de mon 1,60 mètre de garde du corps. Il fallut quelques secondes à Simone pour se rendre compte qu'elle ne courait aucun danger. Elle se mit alors à sourire, soulagée, et donna le renseignement souhaité. Pendant ces courts instants, la femme en face de nous s'était mise à rougir. Nul doute qu'elle avait fini par reconnaître Simone.

Même si l'auteur du *Deuxième Sexe* appréhendait parfois l'agressivité de certains Français à son égard, elle aimait néanmoins les observer. Le taxi que j'avais réservé par téléphone ne vint jamais. J'étais au bord du désespoir, car il y avait une règle non écrite mais implicite entre nous: je devais être toujours à l'heure et toujours disposer d'une voiture pour l'emmener et la ramener, où que nous allions. À ma grande surprise, Simone réagit à ce contretemps avec bonne humeur, déclarant: «Eh bien, dans ces conditions, nous n'avons qu'à prendre le métro!» Le ton était celui d'une collégienne qui allait faire les quatre cents coups. Je restai paralysée, n'osant pas lui dire que c'était à mon tour de m'inquiéter. En 1972, Simone était une célébrité nationale et internationale et de nombreuses personnes risquaient de la reconnaître. L'idée ne semblait pas l'effleurer. À présent que sa décision était prise, Simone marchait vers la station Denfert-Rochereau à petits pas mais à vive allure. Elle s'engouffra dans la rame de métro la première.

— Asseyons-nous dans un coin, lui dis-je, espérant ainsi que sa présence serait aussi discrète que possible.

Mais l'intention de Simone était tout autre. Ce voyage d'exception dans les souterrains parisiens l'amusait.

— Je vous remercie, mais je suis en pleine forme. Je n'ai nul besoin de m'asseoir.

Elle resta debout, en plein milieu du wagon, afin de bien profiter des 20 minutes de trajet jusqu'à la station Cité. Elle commença alors à regarder fixement les visages des passagers les uns après les autres. Près de moi, j'entendis une femme murmurer son nom. Si les hommes ne prêtaient guère attention

à cette dame de 64 ans, de nombreuses femmes la reconnaissaient. Lorsque nous atteignîmes la station Cité, je poussai
un soupir de soulagement. Le rendez-vous avec les autorités de
la police me semblait à présent bien peu de chose en com-
paraison du rude travail de garde du corps.

Nous nous trouvions maintenant devant l'immense porte de
bronze de la Préfecture de police. La veille, dans cette même
bâtisse, j'avais été reconduite à la sortie après avoir attendu deux
heures et demie qu'un fonctionnaire consente à discuter avec
moi des modalités de la manifestation que nous comptions
organiser. Vêtue d'un jean et d'un tee-shirt rose, je lui avais
tenu, en conclusion de notre entretien, les propos suivants d'un
ton cérémonieux:

— Madame de Beauvoir sera très mécontente lorsqu'elle
apprendra qu'aucun responsable de la Préfecture ne consent à
me recevoir. Madame de Beauvoir va, dans ces conditions, certainement prendre la décision de se rendre ici, elle-même,
demain matin à 11 heures.

— Si madame de Beauvoir veut se déranger, vous pouvez lui
dire que de toute façon cela ne changera rien à la situation et
qu'aucun responsable ne la recevra.

— En attendant, dis-je, vous pouvez prévenir la Direction
générale que madame de Beauvoir sera là demain à 11 heures
précises.

Nous venions de traverser la cour. À l'entrée principale de
l'immeuble, deux policiers nous attendaient. «Voulez-vous nous
suivre», dirent-ils aussitôt à Simone. En fait, nous avions bien
besoin de guides pour trouver notre chemin parmi les immenses
escaliers et les longs couloirs. Pendant cette charmante promenade, des policiers en civil, dont l'allure rappelait une fois encore
celle de Colombo ou de Humphrey Bogart, étaient postés au
coin de chaque couloir. Il fallut enfin s'arrêter devant une large
porte capitonnée et attendre là, debout, pendant quelques secondes qui me semblèrent une éternité. Puis, la porte s'ouvrit
sur une immense pièce baignée de lumière, capable de contenir
à elle seule un appartement parisien de 60 mètres sur 60. Deux
hommes se tenaient debout derrière le bureau empire du

directeur, visages fermés, presque hostiles. Tandis que nous avancions dans le bureau, des flashes nous aveuglèrent. Ces mêmes hommes nous prenaient en photo pour les fichiers de la police. Je me sentis mal.

L'homme devant lequel nous venions de nous asseoir ne jugea pas nécessaire de se présenter à nous. À peine étions-nous assises qu'il pointa un doigt vers moi et s'exclama:

— Cette jeune femme ne sera pas autorisée à participer à cet entretien si elle n'accepte pas, au préalable, de signer le même papier que vous, madame de Beauvoir, allez signer tout à l'heure. Celui-ci engage votre responsabilité à toutes deux dans le cadre de cette manifestation. Et je vous préviens, made-moiselle, que si la manifestation ne se déroule pas de la manière que je vais vous indiquer, vous serez en état d'arrestation. Maintenant, êtes-vous prête à signer?

Je blêmis et fus incapable de prononcer un mot pendant quelques secondes.

Simone se tourna vers moi et me dit:

— Cela ne vous dérange pas, n'est-ce pas?

Je la regardai et parvins difficilement à lui sourire. Je n'avais que 22 ans et je m'imaginais déjà arrêtée et, pourquoi pas, jetée en prison.

— Bien sûr que non, murmurai-je.

Je signai le papier sans même oser le lire.

— Bon, à présent nous pouvons entrer dans le vif du sujet, dit le directeur. Que puis-je pour vous?

— Eh bien, voilà, nous voulons organiser une petite mani-festation, dit Simone de sa voix rapide et métallique, juste une petite marche de femmes pour protester contre l'arrestation et l'emprisonnement de femmes écrivains portugaises. Cette marche doit se tenir en même temps que d'autres marches qui auront lieu le même jour dans d'autres capitales, en signe de solidarité internationale. Vous comprenez, monsieur, leur livre a été confisqué et elles sont menacées de plusieurs années de prison parce que leurs propos ont été considérés comme une offense à la religion. Aussi voudrions-nous effectuer cette

marche, tout à fait pacifique, devant Notre-Dame*, lundi prochain à 18 h 30.

Le responsable de la Préfecture nous regarda, l'air stu-
péfait:

— Vous voulez manifester devant Notre-Dame à 18 h 30?
Vous rendez-vous compte de l'embouteillage que vous allez
provoquer? Je ne peux pas accepter une telle requête!

— Mais monsieur, répondit Simone d'une voix polie, nous
devons absolument avoir cette marche en face de Notre-Dame.
C'est d'une importance hautement symbolique. Notre projet
n'est pas de troubler l'ordre public ni la circulation. C'est
pourquoi nous sommes venues nous en entretenir avec vous.

— Bien, ajouta le policier, je suis prêt à autoriser cette manifestation à une condition. Vous aurez le droit de défiler sur le
parvis de Notre-Dame, mais aucune d'entre vous ne sera autorisée à poser le pied sur la chaussée. Suis-je clair?

Il sourit enfin, pas pour les mêmes raisons que nous:

— Pour bien m'assurer que vous respecterez cet engagement, c'est moi qui suivrai personnellement le déroulement
de cette manifestation. Madame de Beauvoir, et vous made-
moiselle, voulez-vous avoir l'amabilité de vous lever et de me
suivre?

Nous traversâmes son bureau qui me parut encore plus
grand qu'au début de l'entretien, pour le suivre jusqu'aux fenêtres. Le responsable de la police écarta alors les rideaux d'un
geste sec. Derrière les vitres apparurent Notre-Dame, son parvis,
la Seine et ses berges. Simone et moi échangeâmes un regard.
Cet homme travaillait tous les jours devant l'une des plus belles
vues du monde. Devinant notre émerveillement, et en même
temps notre inquiétude, il éclata de rire et dit:

— Je resterai à cette fenêtre durant tout le déroulement de
votre manifestation.

La journée tant attendue arriva. Le lundi soir, à 18 h 45, une
centaine de femmes, portant chacune une torche, défilèrent sur

---

*   Notre-Dame est la cathédrale de Paris, située dans l'île de la Cité.

le parvis de Notre-Dame. La nuit était tombée et les voitures ralentissaient, créant un embouteillage, les automobilistes admirant ce qui pouvait s'apparenter à une procession religieuse. Je passais mon temps à veiller à ce qu'aucune des femmes n'eût la mauvaise idée de poser un pied sur la chaussée. Aucune de mes amies ne comprenait mon attitude devenue soudain si rigide. Après tout, le MLF n'était pas un parti politique et ni discipline ni hiérarchie n'y étaient imposées. C'était un mouvement encore plein de spontanéité, donc plein de vie et respectueux de la personnalité de chacune. Et ces femmes n'étaient certes pas dénuées de personnalité! Face à nous, les lumières du bâtiment de la Préfecture de police étaient éteintes, à l'exception des fenêtres du responsable de la police, où nous pouvions voir distinctement deux hommes qui observaient chacun de nos gestes. Le lendemain, la presse française et internationale évoqua les différents défilés de femmes en Europe et aux États-Unis. Les femmes écrivains portugaises ne furent pas emprisonnées. Ce fut un grand moment de bonheur. Les féministes françaises, qui avaient jusqu'à présent concentré leurs actions en France, découvraient qu'elles pouvaient aussi aider des femmes d'autres pays. C'était la confirmation d'une des idées chères à Simone: les femmes ne pourront obtenir respect et égalité que si elles s'unissent.

*
* *

En l'espace de quelques années, la situation de l'avortement avait considérablement évolué en France. Le moment était venu de penser à d'autres thèmes: le viol, l'inceste, l'inégalité des salaires, les femmes battues, autant de sujets que nous n'avions abordés que superficiellement.

Madeleine, une jeune actrice de théâtre à la voix chaleureuse du Midi, venait de joindre le Mouvement. Très vite après son arrivée, elle nous suggéra de faire passer ces thèmes d'une manière imprévue et originale, par l'humour.

— Pourquoi, disait-elle avec son sourire communicatif, ne pas présenter sur scène les problèmes auxquels est confrontée chaque femme dans la vie quotidienne? Pourquoi ne pas montrer ainsi qu'une femme n'est jamais libre de ses préoccupations domestiques?

Le dimanche suivant, nous en avons discuté avec Simone, qui jugea l'idée amusante et pertinente. Mais il fallait trouver un théâtre qui voulût bien nous accueillir et nous aider. Madeleine connaissait bien la directrice du Théâtre du Soleil, Ariane Mnouchkine, que toutes nous admirions, notamment pour sa pièce *1789*. Ariane avait toujours manifesté sa sympathie à l'égard des causes que nous défendions. Elle accepta aussitôt notre requête et nous prêta même les tréteaux et l'équipement nécessaires que les acteurs de sa troupe nous installèrent sur l'espace contigu à leur théâtre, devant lequel nous comptions jouer.

Pendant huit mois, nous avons créé des sketches sur la vie quotidienne des femmes. Un mois avant la représentation, prévue en juin 1974, nous avons senti que la participation à cet événement dépasserait de loin les prévisions les plus optimistes. Il nous fallait donc, une fois de plus, une autorisation de la police. Comme j'étais l'une des plus jeunes membres du Mouvement, étudiante de surcroît, je pouvais me libérer facilement. J'étais donc prête à retourner à la Préfecture de police avec Simone... Anne se joignit à nous.

Cette fois, je téléphonai à l'avance pour obtenir un rendez-vous. L'accueil fut plus détendu; aucune photo prise, aucun papier à signer en début de réunion. Une fois encore, Simone présenta notre requête:

— Nous allons organiser une petite fête, pas du tout politique (Simone avait insisté sur ces derniers mots), où des femmes joueront quelques petites scènes de théâtre. Ce devrait être un événement très convivial. Nous souhaitons cependant vous en avertir, car nous pensons qu'il devrait y avoir un public nombreux, de l'ordre de quelques milliers de personnes.

— De quelques milliers de personnes? Et vous me garantissez que ce ne sera pas politique?

— Absolument, je peux vous le garantir.

— Bien, dit le haut fonctionnaire de la Préfecture, je n'ai pas d'objection concernant ce spectacle, mais j'ai encore une question à vous poser.

L'atmosphère s'était alourdie.

— Avez-vous pensé à la pluie? Il pleut souvent à Paris au mois de juin.

— Non, nous n'y avons pas pensé!

— Vous avez eu raison de venir me voir, car moi, j'y ai pensé. Je peux vous proposer, gratuitement, un espace couvert près du Théâtre du Soleil, dans les très beaux jardins de Vincennes.

Nous n'en croyions pas nos oreilles! La police nous offrait un espace! Le MLF commençait-il à faire moins peur?

— À ce propos, votre spectacle va se dérouler en face du Théâtre du Soleil, à Vincennes, soit à environ deux kilomètres du métro. Avez-vous pensé au fait que vous devez prévoir un moyen de locomotion pour transporter la foule du métro au théâtre?

— Non, répondit une nouvelle fois Simone.

— Dans ces conditions, je vous recommande vivement d'aller voir les responsables de la RATP et de leur louer un autobus pour ces déplacements.

Le lendemain même de l'entretien, je me rendis au bureau de location des autobus sur les berges de la Seine, de l'autre côté de la Préfecture et de Notre-Dame. Un homme d'une cinquantaine d'années me regarda entrer et me demanda, de l'air attendri d'un père qui parle à une toute jeune fille, ce qu'il pouvait faire pour moi:

— Je souhaiterais, lui dis-je le plus poliment possible, réserver un autobus pour la journée du 22 juin prochain.

L'homme poussa un cri de stupéfaction:

— Mais, jeune fille, pour louer un autobus, il faut s'y prendre six mois à l'avance!

Je restai pétrifiée. Cette absence de moyens de transport pouvait compromettre le projet. Incapable d'articuler un son, je fondis en larmes. Le préposé de la RATP bondit alors de derrière son bureau, posa gentiment sa main sur mon épaule et me dit:

— Ne vous mettez pas dans cet état! Allez, venez, on va essayer d'en parler au chef.

Je pleurais encore lorsque nous entrâmes dans le bureau de son chef. Grand, le visage doux, il n'avait pas l'air non plus très méchant. Après lui avoir exposé ma requête, il poussa un soupir et s'approcha à son tour de moi:

— Bon, allez, on va faire une exception pour vous. Combien de personnes attendez-vous pour cette journée?

Je me sentis rougir lorsque je lui répondis:

— Quelques centaines, peut-être un millier.

— Bon, d'accord, mais pas plus!

Je me sentis rougir plus encore. Ces deux hommes étaient si bienveillants, et voilà que je leur mentais. Mais j'avais compris qu'ils ne disposaient plus que d'un seul autobus. Et il nous le fallait!

Par chance, le 22 juin fut une journée magnifique en Île de France. La foule était encore plus nombreuse que ce que nous avions espéré. Je pris l'autobus pour un seul aller et retour et entendis le conducteur s'exclamer:

— Qui est responsable de cet événement? C'est de la folie! Je ne peux pas laisser monter tout le monde! Si ça continue, je démissionne!

De fait, nous avions l'impression de nous trouver dans un autobus du Tiers Monde. Cinq mille, peut-être six mille personnes passèrent la journée avec nous à Vincennes, tandis que le bus continuait son trajet, cahin-caha. J'attendais Simone à l'entrée, qui devait venir en voiture avec Sylvie. Elle arriva, toujours aussi ravissante, portant un chemisier de soie jaune qui mettait en valeur sa chevelure noire et ses yeux bleus. Elle rayonnait et riait avec Sylvie, heureuse que le MLF eût un tel succès. Même la police semblait débordée. Un officier s'approcha de nous et s'écria:

— Vous avez une autorisation de la police pour organiser un tel rassemblement?

Tandis que Simone hochait de la tête, je regardai le représentant de l'ordre droit dans les yeux, glissai ma main dans la poche de mon blue-jeans et sortis l'autorisation, froissée mais valable.

Celui-ci s'éloigna en haussant les épaules, écœuré. Pendant ce temps, femmes, hommes, enfants, lycéennes et lycéens s'étaient assis par terre pour regarder les sketches. Les gens plaisantaient et semblaient apprécier la journée et le spectacle.

Simone, accompagnée de Sylvie, resta tout l'après-midi. Chaque fois qu'elle reconnaissait sous le maquillage d'un homme une de ses «filles», elle riait aux éclats.

*
* *

Nous aussi étions heureuses du succès de nos actions mais, après quelques années de lutte aux côtés de Simone, nous commencions à avoir envie d'écrire sur les sujets qui nous tenaient à cœur. Nous étions toutes d'accord sur le fait que *Le Deuxième Sexe* avait eu un impact considérable, mais nous pensions que nous aussi avions des choses à dire. L'un de nos soucis était de savoir comment et par qui faire publier nos textes.

— Pourquoi ne pas demander à Simone? s'exclama Liliane, notre sociologue à la chevelure noire bouclée. Pourquoi ne pas lui demander de nous autoriser à préparer un numéro spécial des *Temps modernes* qui serait uniquement consacré aux femmes?

Cathy, Christine et moi étions *a priori* sceptiques. Les meilleurs philosophes, sociologues, ethnologues, romanciers d'après-guerre avaient été publiés dans cette revue que Sartre et Simone avaient fondée en 1945. Comment imaginer un seul instant que ces deux écrivains accepteraient de publier des articles rédigés par quelques femmes dont personne n'avait jamais entendu parler? J'avais, pour ma part, très peur que Simone n'éclatât de rire devant nous lorsque nous lui exposerions notre requête.

Nous avions finalement convenu de lui en parler le lendemain de la fête des Femmes. Ce 23 juin était aussi une très belle journée. Assise sur le sofa jaune, en pleine lumière, Simone semblait d'excellente humeur. Tout le monde se réjouissait du succès de la fête. Les discussions allaient bon train. Puis, le silence se fit. Liliane eut le courage d'exposer notre souhait d'écrire quelques textes dans *Les Temps modernes*. Elle parla doucement, tandis que toutes nous baissions les yeux, plus intimidées que de coutume. Simone bondit de son canapé:

— Mais c'est une excellente idée! Naturellement, Sartre et moi sommes d'accord! Et de plus, j'ai décidé de vous offrir chaque mois dans *Les Temps modernes* une rubrique sur le sexisme et sur le droit des femmes.

Nous avons relevé la tête, médusées. Cela semblait trop beau pour être vrai! Je me serais volontiers jetée à son cou, mais je savais combien cela risquait de la choquer. Nous n'étions pas là pour perdre notre temps ni, surtout, pour lui faire perdre le sien. Simone nous exposa aussitôt ce qu'elle attendait de nous dans le cadre du numéro spécial: les articles devraient, sur un ton vif, dénoncer la condition des femmes.

— Bien, conclut-elle d'un ton ferme, quels sont les sujets sur lesquels les unes et les autres souhaitez écrire?

Liliane et moi, toujours complices, avions l'impression d'être retournées au lycée, en classe de philosophie. Le professeur nous parlait. Simone n'avait-elle pas commencé sa carrière à Marseille, puis à Paris au lycée Molière, où j'avais moi-même fait mes études secondaires et où son nom était rarement évoqué devant les jeunes filles de bonne famille?

Jamais Simone ne nous avait parlé sur ce ton. Nous n'étions plus ses filles, mais ses élèves. Chacune d'entre nous exposa brièvement le sujet choisi, qu'elle commenta de manière concise. Comme le mois de juin arrivait à sa fin, et que Simone allait bientôt quitter Paris pour Rome où elle passait ses vacances avec Sartre, elle nous proposa de nous revoir en octobre avec tous nos manuscrits.

L'automne s'annonçait productif. Nous faisions à présent partie de son principal univers, celui de l'écriture. Il s'agissait de nous y préparer avec le plus grand sérieux. L'auteur du *Deuxième Sexe*, nous le savions, avait toujours douté de la capacité des femmes à créer un œuvre littéraire aussi consistante que celle des hommes. Dans un chapitre de son livre, elle leur reprochait de confondre travail et séduction. «Écrire est un travail sérieux», nous disait-elle.

Nous allions donc devoir lui prouver que nous étions, nous aussi, capables de ce travail sérieux, axe central de sa vie.

L'été, nous avions rédigé la première ébauche de nos articles. Le mien consistait à dénoncer l'image que l'on donnait des femmes dans la presse féminine: des créatures charmantes, sans une parcelle d'intelligence dans le crâne, et uniquement préoccupées par leur féminité. Pour ce qui concernait les femmes qui avaient une activité professionnelle, les magazines féminins des années 70 acceptaient de les interviewer à condition toutefois de placer la vie du foyer au centre de leurs préoccupations. Je m'inspirai du ton de Sartre dans ses *Situations* et présentai un papier d'un ton satirique.

En même temps, un collectif de jeunes femmes préparait un texte dans lequel elles témoignaient de leur bonheur dans la maternité. Nous connaissons bien le passage écrit par Simone dans *Le Deuxième Sexe* dans lequel elle expliquait que la maternité servait aussi l'homme à maintenir la femme à la maison. Elle-même n'avait jamais eu d'enfant. Comment allait-elle réagir à cet article?

Peu après le retour de Sartre et de Simone de Rome, début octobre, nous avons déposé nos textes chez la gardienne de la rue Schoelcher. Quinze jours passèrent. L'heure de notre rendez-vous dominical approchait. Nous étions très émues; pour la première fois, Simone de Beauvoir allait juger de notre capacité d'écrire. Son verdict pourrait s'avérer décisif pour les ambitions littéraires de certaines d'entre nous. Assise à côté de Simone, je fixais la moquette mauve, prête à affronter le pire. Jamais je n'avais osé imaginer que, quelques années seulement après la fin de mes études secondaires, Simone accepterait de prendre le temps de lire quelques lignes écrites de ma main. Mais elle semblait d'humeur radieuse. Elle prit les articles les uns après les autres et d'un ton affirmé proclama sa sentence: «Celui-ci devra être réécrit», «Celui-ci aussi», «Celui-là peut aller», «Celui sur la presse féminine est bon», etc. J'avais passé l'examen! Elle avait, me l'expliquera-t-elle plus tard, apprécié le ton un peu voltairien de mon article. Enfin, le dernier article était entre ses mains. Son visage se ferma, la modulation de sa voix se fit plus sèche:

— Par contre, dit-elle d'un débit très rapide, l'article sur la maternité ne convient pas du tout. La manière dont il est écrit pourrait donner des arguments aux hommes qui disent que les deux sexes sont radicalement différents. Dites aux femmes qui l'ont rédigé de venir à notre prochaine réunion.

Ce dimanche ressembla à une veillée d'armes. Simone nous accueillit à 17 heures précises, sans le moindre sourire. Elle s'assit à l'endroit habituel, sur le sofa jaune près de la porte. Les femmes qui avaient écrit cet article sur la maternité avaient pris place le plus loin possible d'elle. Simone engagea la discussion sur un ton moins autoritaire que la semaine précédente, mais plus agressif:

— Pourquoi avez-vous tenu des propos aussi positifs sur la maternité? C'est absurde. Il n'y a aucune analyse dans ce texte. Des hommes pourraient l'utiliser comme caution de leur mythe de l'éternel féminin. Ni Sartre ni moi ne pouvons accepter de publier un article aussi peu objectif.

Les jeunes femmes concernées baissaient les yeux, comme des écolières prises en faute. L'une d'entre elles eut le courage de relever la tête et même de prendre la parole:

— Nous avons simplement tenu à mettre par écrit ce que nous avons ressenti. Nous voulions également montrer que l'on peut être à la fois féministe et heureuse d'être mère.

— Je comprends cela, naturellement, répondit Simone d'un ton sec, mais ce texte devra être retravaillé et modéré car Sartre et moi ne pouvons le publier tel quel. Cet éloge du corps féminin, de la lactation et de l'allaitement maternel est tout simplement inacceptable. Nous aurions toutes l'air ridicule.

Tandis qu'elle prononçait cette dernière phrase, Simone rougit. Deux mondes opposés s'affrontaient. Ces femmes décrivaient une situation que Simone n'avait jamais vécue et j'étais terrifiée à l'idée que l'une d'entre elles lui en fît la remarque. Personne n'osa aborder le sujet. Je me sentais désemparée. Simone et ces jeunes femmes ne défendaient-elles pas, d'une certaine manière, deux versants d'une même réalité?

Pour ma part, la maternité ne m'a jamais paru en contradiction avec le féminisme. J'étais issue d'une mère féministe et heureuse de l'être. Je pense encore aujourd'hui que plus il y aura de mères féministes, plus l'égalité entre les femmes et les hommes aura de chances d'advenir.

Mais, dans les années 70, où tout était bon pour tourner en ridicule nos actions, je comprenais l'agacement de Simone. Depuis des millénaires, le rôle social de la femme se limitait à la maternité. Ainsi les hommes espéraient-ils nous maintenir à la maison. Une remise en question de cette primauté absolue de la maternité était alors indispensable. En 1974, une louange trop marquée de la condition maternelle pouvait se retourner contre nos revendications.

Les critiques à l'égard de Simone et de son refus de la maternité m'ont souvent semblé injustes. Simone n'a jamais été attirée par la maternité. À ses yeux, elle symbolisait le carcan d'une femme au foyer enfermée dans la monotonie de la domesticité. Mais en lisant ses *Mémoires* et en écoutant plus tard les témoignages de sa sœur, j'ai toujours eu l'impression qu'à l'âge de deux ans Simone était déjà mère. L'enfant Simone de Beauvoir a entouré, conseillé, éduqué sa petite sœur. Dans les moments difficiles et face à une mère, Françoise de Beauvoir, qui ne souhaitait pas voir ses deux filles poursuivre des études, Simone a protégé moralement et financièrement Hélène, sa cadette de deux ans. Jusqu'à son dernier souffle, et sur son lit de mort, elle est demeurée la mère d'Hélène.

Plus tard, au cours de sa vie adulte, Simone a toujours eu à ses côtés une femme plus jeune: amie, sœur, amante, fille? Souvent, chez elle, ces différents rôles s'entremêlaient. Une certaine maternité n'en était pas exclue. Durant les 20 dernières années de sa vie, Simone nous appela «les filles». Peu de temps avant sa disparition, elle fit de Sylvie sa fille adoptive.

Si sentiment maternel il y eut, celui-ci s'est toujours porté vers les femmes. Il n'y a pas – à l'exception de Lanzmann – d'homme jeune dans l'entourage de Simone. Et dans ses romans, où les personnages masculins ont pourtant des rôles considérables, aucun fils n'apparaît. En revanche, dans *Les Mandarins*, qui sut séduire les Goncourt en 1954, Nadine, fille d'Anne et de Dubreuilh, joue un rôle de premier plan.

Aussi, sans jamais avoir été mère, Simone a eu des comportements de mère, des maternités choisies.

Mais revenons à la discussion entre Simone et certaines féministes sur la maternité: l'article fut légèrement modifié et finalement accepté.

D'autres articles traitaient du travail des femmes, du viol, de l'inceste, de l'éducation des petites filles. Quelques-uns de nos poèmes apparaissaient, entre deux articles. Bien que Simone eût expliqué très clairement dans *Tout compte fait* qu'elle n'était guère sensible au charme de la poésie, elle accepta de leur accorder une place dans ce numéro spécial.

Ainsi apparaissaient dans *Les Temps modernes* les différentes formes d'écriture où se reconnaissaient les femmes présentes ce jour-là. Mais celles-ci auraient été incomplètes sans l'introduction de Simone. Elle y exprima ce que ressentaient dans les années 70 tant de femmes. Ses propos restent à mon avis très actuels:

«Les voix que vous allez entendre souhaitent avant tout vous déranger. L'oppression des femmes, c'est un fait auquel la société est tellement habituée que, même ceux d'entre nous qui la condamnent en gros, au nom de principes démocratiques abstraits, en prennent pour amendés beaucoup d'aspects. Moi-même, du fait que j'ai plus ou moins joué un rôle de femme-alibi, il m'a longtemps semblé que certains inconvénients inhérents à la condition féminine devaient être simplement négligés ou surmontés, qu'il n'y avait pas besoin de s'y attaquer. Ce que m'a fait comprendre la nouvelle génération de femmes en révolte, c'est qu'il entrait de la complicité dans cette désinvolture. En fait, accepter entre les deux sexes la moindre inégalité, c'est consentir à l'inégalité. On trouve souvent puéril, mesquin, que les féministes s'en prennent au vocabulaire, à la grammaire: au fait par exemple qu'en français pour trois noms féminins et un nom masculin l'adjectif soit masculin. Certes ce n'est pas sur ce terrain qu'il faut commencer la lutte. Mais passer outre, c'est risquer de fermer les yeux sur beaucoup de choses. Vigilance: ce doit être un de nos mots d'ordre. Et en fait le regard que les nouvelles féministes jettent sur le monde, c'est le regard ingénu, exigeant de l'enfant. L'enfant est faible, on l'écoute en souriant. Les femmes sont et veulent être de plus en plus fortes: elles inquiètent, c'est pourquoi on essaie de discréditer leur vision des choses, de les tourner en ridicule, de les traiter de viragos.

Le lecteur – femme ou homme – qui abordera ces textes avec bonne foi risque, au terme de sa lecture, de se sentir remis en question. La lutte antisexiste... s'attaque en chacun de nous à ce qui nous est le plus intime et qui nous paraissait le plus sûr. Elle conteste jusqu'à nos désirs, jusqu'aux formes de notre plaisir. Ne reculons pas devant cette contestation; par-delà le déchirement qu'elle provoquera peut-être en nous, elle détruira certaines de nos entraves, elle nous ouvrira à de nouvelles vérités[*].»

Ce numéro spécial fut intitulé «Perturbation ma sœur – Les femmes s'entêtent». Lectrices et lecteurs étaient ainsi prévenus du ton qu'ils allaient trouver dans cet ouvrage – un mélange d'humour et de révolte. Refusant d'indiquer le nom de famille de leurs pères et maris, la plupart des femmes n'avaient signé leurs articles que de leurs prénoms. En une semaine, tous les exemplaires de la revue furent épuisés. Il fallut prévoir des réimpressions. Finalement, le succès fut tel que les éditions Gallimard décidèrent d'en faire un livre, malheureusement introuvable aujourd'hui.

Outre les réunions dominicales, nous avions l'occasion de voir Simone en semaine pour préparer avec elle la rubrique

---

[*]   «Les femmes s'entêtent», *Les Temps modernes*, numéro spécial, avril-mai 1974, p. 1720.

mensuelle qu'elle nous avait offerte. Le ton développé dans ces pages, qui portaient le titre «Le Sexisme ordinaire», mêlait insolence et humour.

Ces différentes occasions de s'exprimer par l'écriture que Simone offrait aux femmes qui l'entouraient semblaient en contradiction avec son absence de considération à l'égard des autres femmes écrivains.

Selon ses propos – 20 pages à peine dans *Le Deuxième Sexe* –, les femmes ne sauraient pas écrire et ne pourraient guère prétendre exercer ce métier. Trop habituées à n'avoir que des rapports de séduction avec les hommes, elles continueraient à fonctionner sur le même mode lorsqu'il s'agit d'écrire:

«Plaire est son plus grand souci ; et souvent elle a déjà peur, du seul fait qu'elle écrit, de déplaire en tant que femme… elle n'a pas le courage de déplaire encore en tant qu'écrivain. L'écrivain original, tant qu'il n'est pas mort, est toujours scandaleux. La nouveauté inquiète et indispose, la femme est encore étonnée et flattée d'être admise dans le monde de la pensée, de l'art, qui est un monde masculin. Elle n'ose pas déranger, dénoncer, exploser*.»

Ces mêmes femmes seraient, selon elle, habituées à l'oisiveté et incapables d'une discipline, d'un effort soutenu pour acquérir une solide technique. Dès lors, sans apprentissage sévère, elles ont peu de chance de construire une œuvre valable.

Ces propos m'avaient toujours semblé injustes dans leur sévérité. Il y avait, en particulier dans les année 70, de nombreuses femmes qui écrivaient et dont nous, femmes du Mouvement, appréciions les œuvres.

Rue Schoelcher, il nous est arrivé de mentionner les ouvrages d'Hélène Cixous, d'Annie Leclerc et de Chantal Chawaf. Nous connaissions mal ces trois femmes pour lesquelles nous éprouvions *a priori* de la sympathie, même si elles ne semblaient pas participer aux actions du MLF. Étaient-elles fondamentalement féministes? Leur éloge du corps féminin laissait place dans leurs

---

*   *Le Deuxième Sexe*, tome II, Paris, Gallimard, coll. «Idées», 1949, p. 472.

écrits à une sensualité, un plaisir d'être femme qui ne pouvaient que nous plaire.

— Nos actions auront eu une autre conséquence positive, dit Liliane, c'est qu'à présent il est plus facile pour les femmes de se faire publier.

— Certes, répondit Simone, à condition que le contenu de l'ouvrage ne puisse pas être utilisé par les médias contre les intérêts des femmes.

De telles remarques ne pouvaient s'appliquer aux œuvres de Christiane Rochefort et de Monique Wittig. Monique Wittig, en particulier, participait de manière très active et depuis le début aux activités du MLF. Gaie et chaleureuse, elle nous impressionnait par sa modestie et sa simplicité. Elle publia *Le Corps lesbien*, dont l'écriture à la fois poétique et rythmée, entrecoupée de césures, donnait au texte une originalité et un souffle dont nous étions toutes admiratives et fières. Certaines d'entre nous en apprenaient des passages par cœur. Simone allait-elle enfin complimenter un livre écrit par une femme? Liliane ne manqua pas d'évoquer cette publication. Simone lui répondit d'un ton neutre: «C'est vrai, c'est un bon texte, intéressant», et elle changea de sujet.

Simone ne semblait guère aimer non plus l'œuvre de Nathalie Sarraute.

Selon certaines personnes de leurs entourages respectifs, Simone n'aurait pas supporté que Sartre, qui avait préfacé *Portrait d'un inconnu*, soit devenu un ami de l'écrivain. Cette amitié n'aurait pas en effet été basée, comme pour ses maîtresses, sur une relation physique, mais sur un échange intellectuel. N'y avait-il pas là une rivalité dangereuse et inquiétante pour Simone? D'autres prétendent que c'est le groupe des *Temps modernes* qui ne voulait pas d'elle. Saura-t-on jamais la vérité?

Dans les années 20, une autre femme écrivain, déjà appréciée dans un cercle de lecteurs initiés, atteignit la renommée. De nombreux articles consacrés à Marguerite Yourcenar comportaient en particulier des éloges sur son style. Celui-ci semblait à Simone d'un classicisme qui ne risquait pas de déranger la société française. Son élection à l'Académie française incita certaines femmes du MLF à considérer que la soudaine no-toriété de l'auteur des *Mémoires d'Hadrien* – fort méritée par ailleurs sur le plan littéraire – avait peut-être été aidée par le soin de quelques hommes afin de démontrer qu'il y avait en France une autre femme écrivain – moins dérangeante – que Simone. D'ailleurs Marguerite Yourcenar, si elle prit parti en faveur de l'écologie, ne sembla pas s'intéresser à la cause des femmes. Et elle construisit son œuvre sans s'interroger sur une éventuelle distinction entre écriture masculine et féminine.

C'est peut-être sur ce point, et sans le vouloir, que Nathalie Sarraute, Marguerite Yourcenar et Simone de Beauvoir se rapprochent. Aucune des trois n'a soutenu l'existence de deux écritures, l'une féminine, l'autre masculine. L'écriture est et reste neutre. Seule importe la construction, jour après jour, d'un livre, d'une œuvre.

En fin de compte, deux femmes écrivains françaises trouvaient grâce à ses yeux: Christiane Rochefort et Colette Audry. Était-ce, pour Christiane Rochefort, à cause de son roman *Le Repos du guerrier*, dont on avait fait un film avec Brigitte Bardot? Simone adorait cette actrice, lui ayant même rédigé un texte élogieux publié dans un album américain de photographies. Christiane Rochefort divertissait Simone par son humour, sa vivacité d'esprit, son intelligence, et cela bien avant la création du MLF. Nous osions prononcer son nom sans que l'habitante de la rue Schoelcher ne haussât le sourcil d'aga-cement. Quant à Colette Audry, Simone et elle avaient enseigné dans le même lycée à Marseille avant-guerre et étaient restées amies. Simone m'a toujours dit combien elle regrettait que l'auteur de *Derrière la baignoire* n'ait pas composé une œuvre littéraire plus importante. Elle croyait en son talent d'écrivain. Leur complicité intellectuelle demeura jusqu'à la disparition de Simone. Colette Audry ne participa cependant pas au Mou-vement, mais concentra son engagement dans les groupes po-litiques de gauche.

À la même époque, relisant l'œuvre romanesque de Simone, je remarquai combien les comportements des personnages variaient de manière tranchée selon les sexes. Les activités littéraires masculines semblaient pointues, contrastant avec l'amateurisme féminin dans le même domaine. Je lui en fis un jour la remarque:

— En tant que féministe, j'ai été frappée par la présentation de l'amour et de la création littéraire à travers les personnages masculins et féminins de vos romans. La liberté et l'action semblent être des prérogatives masculines. Les femmes essayent, certes, d'être indépendantes, mais elles n'y parviennent que très difficilement, et souvent, en sont incapables. Sur le plan de votre création romanesque, cela m'a un peu déçue.

Il y eut silence dans le studio. Elle se leva sans un mot et se dirigea vers le réfrigérateur. Pendant qu'elle nous servait un whisky, j'eus le temps de reprendre mon souffle. Lorsqu'elle me répondit, sa voix avait la même assurance qu'à l'accoutumée:

— Mais vous savez bien que j'ai voulu décrire les femmes telles qu'elles sont! Et puis, vous êtes également consciente du fait que je me suis racontée dans mes *Mémoires* telle que je suis dans mon travail d'écrivain. Je ne vois pas pourquoi j'aurais décrit d'autres personnages féminins comme des pures copies de moi-même.

Elle prit son verre et but rapidement. Pour ma part, l'estomac à jeun, je me croyais incapable d'avaler quoi que ce soit, mais la discussion s'annonçait, comme je l'escomptais, tendue. Et c'était la première fois que j'osais critiquer certains aspects de son œuvre.

Je bus à mon tour et repris la parole:

— Votre vision des femmes n'est pas négative. Vous l'avez prouvé à travers votre engagement féministe. Cependant, quelques-unes de vos héroïnes sont décrites sous leur aspect le plus noir, frisant même la folie. Je pense à Paule dans *Les Mandarins* et à Monique dans *La Femme rompue*. Comment expliquez-vous cela?

— Comme vous le savez, je n'aime pas les héroïnes dites positives. Je n'ai surtout pas à plaquer un canevas féministe dans ce que j'écris. Je remarque souvent, dans les livres que l'on m'envoie et que je lis attentivement, que leur plus grande faiblesse réside dans leur ton moralisateur et didactique. On devine trop clairement ce que l'auteur veut essayer de prouver. *La Femme rompue* n'est pas un recueil de nouvelles féministes. Il a simplement un regard féministe. Aucun humain, homme ou femme, n'est entièrement positif. Et je ne veux surtout pas tomber dans les stéréotypes que la littérature communiste nous a infligés. Je suis contre toute forme d'optimisme démesuré. Il est vrai qu'à cause de cela mes livres ne sont pas toujours rassurants. *Le Deuxième Sexe*, par exemple, présente de nouvelles options pour les femmes, mais est en même temps un ouvrage sur le fond pessimiste et critique.

Ses arguments ne parvenaient pas à me convaincre. Après tout, aucune des femmes que je connaissais ne se comportait de manière aussi négative et autodestructrice. Simone n'aurait-elle pas, à l'inverse de ce qu'elle prétendait, décrit des stéréotypes négatifs? Je lui posai la question. Elle me fixa de ses yeux vifs et s'exclama:

— Mais Claudine, dans ma génération d'avant et d'après la guerre, je peux vous assurer que peu de femmes travaillaient et que celles qui ne travaillaient pas se comportaient comme mes personnages féminins. Elles avaient tendance à tout dramatiser. Le point central de leur existence résidait dans leurs histoires d'amour, qui s'effondraient à un moment ou un autre et les rendaient très malheureuses. Leur vie leur semblait soudain vide.

À l'écouter, je mesurai le chemin que les femmes françaises avaient parcouru en une génération, grâce notamment à ses écrits. Pour les femmes de mon âge, nées pendant ou après la Seconde Guerre mondiale, travailler était devenu chose commune. Et de toute manière, avec ou sans métier, les femmes savaient à présent rendre leurs vies plus intéressantes. Simone, pour sa part, restait, par certaines de ses réactions, une femme de sa génération. Malgré ses divers centres d'intérêt, son attachement à Sartre était si fort qu'elle était probablement elle-même effrayée de le perdre, effrayée de ressentir alors la même sensation de vide que ses héroïnes. Celles-ci ne lui servaient-elles pas d'exutoire à ses propres angoisses? Ses écrits philosophiques et ses engagements politiques donnant d'elle-même l'image d'une femme forte, il m'était difficile, jeune féministe, d'accepter que l'auteur du *Deuxième Sexe* puisse avoir, comme chacun et chacune, ses faiblesses.

*
* *

En 1973, le MLF devenait à la mode et les différents aspects de la condition des femmes que nous évoquions depuis cinq ans entraient peu à peu dans les mœurs. Des magazines féminins français – *Elle*, *Marie-Claire*, *Marie-France* et *Cosmopolitan*, pour n'en citer que quelques-uns – entreprirent de consacrer entre les pages de mode des reportages sur les femmes battues, l'inceste, l'avortement, la contraception, les mères célibataires, l'accès des femmes au monde du travail, sujets qui jusqu'alors n'étaient guère évoqués. Ils présentèrent même des portraits élogieux de femmes qui commençaient à occuper des postes jusque-là réservés aux hommes. Ces articles incitaient ainsi d'autres jeunes femmes à entreprendre des études dans des secteurs historiquement dominés par les hommes: juges, avocats, médecins, chercheurs, scientifiques, ingénieurs, et enfin préfets et ambassadeurs.

Ce ton était nouveau. Jusqu'aux années 1972-1973, les articles évoquaient souvent des actrices de cinéma en rappelant la priorité qu'elles accordaient à leur famille. Et cette vie de famille était nécessairement heureuse et unie.

Nous étions très heureuses de la parution de ces articles. Ils prouvaient bien que nos actions, parfois critiquées, avaient en réalité aidé les femmes de notre pays à pouvoir enfin s'exprimer et à être reconnues dans leurs souffrances, dans leurs luttes, dans leur épanouissement professionnel, et simplement dans leur dignité d'être humain. Depuis, ces revues continuent un travail utile et indispensable pour que ne soit plus occultée en France la condition de la moitié de sa population: «Un homme sur deux est une femme», aimions-nous rappeler en plaisantant.

En 1975, la mode avait dépassé nos frontières et s'étendait à l'ensemble des continents américain et européen. L'année 1975 fut décrétée Année internationale de la femme par l'ONU.

Au mois d'octobre, Liliane me téléphona un matin pour me faire part de la rumeur qui circulait à Stockholm: Simone allait peut-être décrocher le prix Nobel de littérature!

— Pourvu qu'elle ne refuse pas! m'exclamai-je aussitôt.

— Puisque tu la vois demain, insiste pour qu'elle accepte. Ce serait formidable pour nous toutes!

Le lendemain, je n'hésitai pas à aborder cette question:

— Simone, on dit que vous seriez susceptible d'avoir le prix Nobel cette année. Avez-vous eu les mêmes échos sur ce sujet?

— C'est vrai. On m'a même appelée de Stockholm pour me demander si je l'accepterais. Ils ont peur que je le refuse comme Sartre.

Je bondis de mon fauteuil:

— Vous n'allez pas refuser! Vous ne pouvez pas refuser! Vous vous rendez compte de l'impact que cela aura sur les femmes du monde entier! Ce sera un événement considérable!

Je n'osais pas ajouter, de peur de l'agacer par des compliments, qu'en outre elle le méritait bien.

Elle me regarda, l'air amusé. Je ne tenais pas en place.

— Mais je n'ai pas l'intention de le refuser.

J'éclatai de joie:

— Vous allez voir, Simone, la fête qu'on va faire avec les filles! Ce sera de la folie! On va boire et danser toute la nuit!

Deux jours plus tard, notre espoir de célébrer s'envola. Le prix Nobel de littérature fut décerné à quelqu'un d'autre. En apprenant la nouvelle à la radio, je fondis en larmes. Simone essaya de me réconforter quelques jours plus tard, en nous servant un whisky:

— Ils ont eu peur que l'opinion mondiale croie qu'on me l'attribuait à cause de l'Année internationale de la femme. Allons, ne soyez pas déçue, je l'aurai peut-être une autre année.

Simone n'en parla plus, et le comité Nobel ne s'intéressa plus à elle.

Ce fut à ce moment-là que je fis mes premiers pas dans le monde professionnel. Ma relation avec Simone allait prendre aussi un nouveau tournant. Cette partie de ma jeunesse passée auprès d'elle m'avait beaucoup appris sur la vie et les injustices de ce monde ainsi que sur l'absence de prétention de certaines personnes dont les pensées nous guident. Simone nous avait aussi fait un cadeau inestimable – le sentiment que notre lutte n'avait pas été vaine et que de nombreuses femmes en avaient bénéficié. Cela nous permettait de regarder l'avenir avec plus de confiance.

«Peut-être me dirai-je un jour que mon passage sur Terre n'a pas été complètement inutile», ai-je un jour chuchoté à l'oreille de Liliane.

Simone nous avait laissées entrer dans son univers personnel, et voici qu'elle allait m'introduire dans son cercle familial. Bien que l'auteur des *Mémoires d'une jeune fille rangée* ait longuement raconté ses souvenirs d'enfance, en réalité son univers familial restait jalousement protégé.

Chapitre III

Les deux sœurs

À la fin de 1975, je devais me rendre à Strasbourg pour rencontrer les femmes qui allaient fonder le premier centre S.O.S. Femmes Battues en France. Selon des statistiques officielles, 1 femme sur 10 en France est battue par son mari ou par son compagnon. Assise sur son habituel canapé jaune, Simone me dit d'une voix soudain timide:

— Puisque vous allez à Strasbourg, accepteriez-vous de rencontrer ma sœur qui aimerait beaucoup rejoindre le Mouvement des femmes?

Cette question me surprit. Simone gardait si jalousement sa petite sœur dans son jardin secret que nous l'avions surnommée «Totem et Tabou». À l'occasion de la lecture des *Mémoires* de Simone, j'avais rêvé de connaître un jour Hélène, soit en Italie, soit en Alsace. Et voilà que Simone me demandait de passer la voir!

J'acceptai, bien naturellement. Hélène vint de Goxwiller, le village où elle vivait à 30 kilomètres de Strasbourg sur la route d'Obernai, me retrouver dans l'appartement strasbourgeois où je travaillais avec des féministes. Lorsqu'elle sonna, j'ouvris et découvris en face de moi un sosie blond de Simone. Elle était aussi ravissante que sa grande sœur. Nous avons aussitôt commencé à discuter de la même manière, franche et directe.

Âgée de 65 ans, Hélène était une peintre renommée. Ses œuvres avaient fait l'objet d'expositions dans plusieurs pays, notamment au Portugal, à la fin de la Secondee Guerre mondiale, où elle vivait avec Lionel son mari, et en Italie où Lionel avait été directeur de l'Institut culturel de Milan…

Lors de notre première rencontre, Hélène s'occupait des femmes battues en Alsace. Elle devait bientôt être élue présidente du premier centre S.O.S. Femmes Battues. Rentrant du

Conseil de l'Europe où il était directeur général adjoint des relations culturelles, Lionel, à l'annonce de cette nouvelle, s'exclama: «Mais Hélène, je ne voudrais pas que mes collègues du Conseil de l'Europe croient que je vous bats!» Le mari d'Hélène était un homme doux et raffiné, d'une très grande culture; il consacrait ses loisirs à l'étude de l'histoire des religions et de l'anthropologie.

J'avais hâte de m'entretenir avec Hélène de Simone et du Mouvement. J'acceptai donc son invitation à venir passer un week-end dans sa maison de Goxwiller, un village viticole situé sur la route des vins à une trentaine de kilomètres à l'ouest de Strasbourg. Ce jour-là, au fond de la rue de l'Église, qui conduisait aux jardins potagers, Hélène de Beauvoir me prit par la main et me dit: «Venez vite à l'intérieur, il y fait bon et chaud, et le thé nous attend.»

Hélène et Lionel avaient trouvé au début des années 70 une vieille ferme abandonnée, entourée de jardins. À Goxwiller, village alsacien type, les habitants s'efforcent de fleurir chaque maison le mieux possible. La plupart ont été construites dans le style du Moyen Âge, à l'aide d'un matériau composé d'un mélange de pierre, de bois et de torchis. Elles sont peintes de couleurs pastel, rose, vert amande, ocre. Dans les cours pavées, on devine les balcons de bois sculptés recouverts de lierre.

Pendant une année, Hélène et Lionel travaillèrent tous les jours de leurs mains pour restaurer leur maison, traversant même un hiver entier sans chauffage. Cette détermination leur valut l'estime des villageois. Tous les deux issus de familles d'aristocrates, ils étaient, au fil des années, devenus des habitants de Goxwiller. Le respect qu'on leur témoignait s'était même transformé en affection lorsque les enfants des maisons proches avaient pu se rendre, chaque soir, chez Hélène faire corriger leurs devoirs d'écoliers. Personne dans le village n'avait non plus oublié la nuit où, la ferme voisine ayant brûlé, Hélène et Lionel reçurent la famille sinistrée sous leur toit, cédant même leur propre chambre à la mère épuisée. Les habitants défilèrent ainsi dans leur maison, certes pour réconforter Mme Grucher, mais aussi pour admirer la décoration.

J'ai moi-même été impressionnée par la beauté et le charme de cette vieille demeure. Chaque pièce a son style propre et toutes possèdent de vieux plafonds de bois, ornées d'antiquités italiennes et de tableaux d'Hélène. Ma préférence alla aussitôt à la chambre d'Hélène, avec ses murs roses et gris, son plafond de bois et ses rideaux fleuris. En face du lit, deux fauteuils Louis XVI avaient visiblement reçu la visite de chattes. Tout respirait l'atmosphère d'un salon littéraire du XVIIIe siècle.

La présence de Sartre et de Simone se faisait également sentir. Un grand portrait de Simone peint par sa petite sœur était suspendu face au lit, premier objet qu'Hélène découvrait à son réveil. Des photos des deux écrivains se trouvaient aussi dans l'atelier où Hélène peignait huit heures par jour. Simone aimait s'y installer et regarder sa sœur travailler dans ce lieu paisible ouvert sur le jardin et la campagne.

— Simone? Elle a toujours été dans ma vie. Enfant, elle était ma vie. Elle était une très gentille grande sœur et ne profitait jamais de moi. Je la considérais comme supérieure à moi, alors j'adhérais à tout ce qu'elle me disait. De plus, je savais combien mes parents avaient été déçus par ma naissance, alors que celle de Simone avait très bien été accueillie, me dit Hélène, allongée sur son lit, un chat sur ses genoux et une tasse de Lapsong Souchong à la main.

Elle me raconta alors combien ses parents auraient aimé avoir un fils. Hélène et Simone trouvaient les petits garçons de leur enfance ennuyeux et se moquaient d'eux.

— Bien sûr, Simone, de deux ans plus âgée que moi, jouait à la grande sœur, mais elle ne me donna jamais l'impression de me mépriser. Elle fut ma première maîtresse d'école. C'est elle qui m'a appris à lire, à écrire, assise par terre près du poêle. Lorsque je suis entrée à l'âge de cinq ans dans une école catholique pour petites filles, le Cours Desir*, je savais déjà lire, écrire et compter.

L'enfance d'Hélène avait été plus difficile que celle de Simone.

— Bien qu'elle ait assumé le rôle de mon ange gardien, j'étais obligée de jouer avec les petites filles idiotes de bonne

---

*   «Cours Desir» ne se prononçait en aucun cas «Désir», m'expliqua Hélène.

famille, et j'aurais pu devenir méchante si ma grande sœur n'avait pas été là pour me défendre.

Un événement devait encore assombrir l'enfance d'Hélène l'année de ses neuf ans. Une amie de classe de Simone, Zaza, entra dans la vie de sa sœur. Celle-ci devint moins disponible. Zaza, intelligente et vivante, prenait parfois plaisir à se moquer d'Hélène.

— J'étais malheureuse et jalouse, mais je ne me suis jamais plainte à Simone qui, je crois, ne se rendait pas compte de ce que je ressentais.

Sa mère l'aimait beaucoup, mais elle-même avait été jalouse de sa petite sœur pendant son adolescence et semblait prendre une revanche en humiliant sa propre fille cadette. À la maison, Françoise de Beauvoir ne parlait que de son aînée. Et comme la mère ne supportait pas l'idée que ses deux filles reçoivent une meilleure éducation qu'elle, Hélène dut se battre pour obtenir l'autorisation de finir ses études secondaires. La famille de Beauvoir était fière d'avoir une fille intellectuelle, à condition que l'autre devienne en premier lieu une maîtresse de maison. Hélène ne reçut aucune aide de ses parents lorsqu'elle entreprit des cours de peinture et de dessin.

Tandis que Simone fréquentait à la Sorbonne des jeunes étudiants de bonne famille, Hélène passait ses journées avec des personnes d'origine plus modeste qui s'exprimaient de manière plus simple.

— Vous savez que les chansons les plus crues proviennent des salles de garde des étudiants des Beaux-Arts. Vous imaginez quel choc ce fut pour moi de découvrir un tel vocabulaire à peine sortie de l'atmosphère puritaine du Cours Desir! Ainsi, plus encore que Simone, je me sentis déplacée.

Lorsque je lui demandai comment s'était déroulée sa première rencontre avec Sartre, Hélène se mit à rire:

— Je me souviendrai toujours du premier rendez-vous entre Sartre et Simone. Sartre avait pris l'initiative d'inviter Simone chez un glacier de la rue de Médicis. À cette époque, une jeune fille de bonne famille n'adressait jamais la parole à un homme auquel elle n'avait pas été présentée. Dans ce cas-là, la seule solution socialement acceptable pour elle était de ne pas s'y rendre. J'y allai donc à sa place. Je n'avais pas la moindre idée de ce à quoi il ressemblait. «Un petit homme laid avec des lunettes», m'avait-on dit. Quand j'entrai, je vis deux hommes laids avec des lunettes. Finalement, je rencontrai Sartre.

Hélène se souvenait qu'il n'avait pas eu l'air particulièrement heureux de la connaître. Il l'emmena voir un film américain au titre évocateur, *Une fille dans chaque port*. Mais Sartre garda tout l'après-midi une mine sombre. Hélène rentra à la maison et déclara à Simone: «Tu sais, il n'est pas aussi drôle qu'on le dit!»

Pendant toutes ses années d'études, Hélène ne reçut qu'un léger soutien financier de ses parents. En réalité, c'était Simone qui l'aidait à subvenir à ses besoins.

— Simone était mon ange gardien et se montrait très généreuse. Alors que pendant des années elle ne gagnait qu'un maigre salaire d'enseignante, elle payait à la fois mon matériel et la location de mon studio. Celui-ci était situé rue Santeuil, près de la rue de Bièvre et de la Halle aux Cuirs. Les murs étaient humides et l'endroit plein de rats. J'étais une des premières femmes à aménager dans ce quartier d'artistes et je m'amusais beaucoup. Une fois par mois, j'observais de ma fenêtre des messieurs élégants à chapeau melon et Légion d'Honneur descendre dignement de leurs voitures. Ils se retrouvaient secrètement dans le studio d'à côté pour jouer au petit train.

Avait-elle, dans ses premières années de jeune peintre, rencontré des difficultés inhérentes à sa condition de femme?

— Oui, j'ai dû lutter plus que Simone. Ma sœur était entourée d'intellectuels hommes qui la respectaient et la traitaient en égale. J'étais jeune, libre et pauvre et les hommes profitaient de ma candeur. C'est à cette période que j'ai appris combien ils peuvent être mufles. Les gens me disaient: «Les femmes ne sont pas créatrices», alors que la peinture a toujours été un aspect essentiel de ma vie. Je n'ai jamais essayé de regarder le monde à travers des yeux d'homme. Pour un artiste mâle, un corps nu est un objet; par contre, une femme peintre se sent concernée par le corps nu d'une autre femme. D'une certaine manière, un nu féminin la renvoie à son propre corps.

Je regardai une fois encore les murs de sa demeure, recouverts de ses tableaux: sur nombre d'entre eux apparaissent des femmes nues entourées d'animaux – lions, tigres, zèbres –, debout ou allongées, selon que l'image évoque le chagrin ou la joie. Il y a des représentations de femmes battues, violées ou martyrisées. Son travail montre souvent le regard d'une femme sur ce que les hommes font subir aux femmes. Artiste réputée en Allemagne et dans les pays d'Europe du Nord, Hélène connaît aujourd'hui au-delà du Rhin un grand succès.

— En observant votre travail, lui dis-je, on a l'impression que certaines de vos œuvres les plus récentes confirment ce que vous ressentiez déjà jeune peintre.

Mais pourquoi avait-elle dû taper à la machine certains manuscrits de Simone?

— Ma sœur s'inquiétait pour moi. Pour gagner ma vie, j'exerçais plusieurs petits métiers. J'ai travaillé le soir comme serveuse dans un café du Quartier latin, et le jour comme secrétaire dans une galerie. J'ai aussi tapé le premier manuscrit publié de Simone, *L'Invitée*, et *La Nausée* de Sartre. Puis, la guerre est arrivée. Lionel, qui n'était pas encore mon mari, se trouvait au Portugal avec sa mère pour se remettre d'une tuberculose osseuse. Simone, toujours généreuse, m'offrit l'argent du voyage pour le rejoindre. J'ai quitté la France avec une petite valise, un chevalet et ma boîte de couleurs. Le matin de mon arrivée à Lisbonne, un garçon de café me dit: «Ça va mal en France. Vous êtes française, mademoiselle? Eh bien, bonne chance!» Deux jours plus tard, la France était occupée et les frontières fermées.

Hélène ne reçut aucune nouvelle ni de sa mère ni de Simone jusqu'en 1942, et apprit avec six mois de retard la mort de son père. Elle resta cinq ans au Portugal avec Lionel, où ils se marièrent. Ils vécurent par la suite à Vienne, à Belgrade, à Casablanca, à Milan, à Paris, puis finalement à Goxwiller où ils habitent depuis plus de 20 ans.

— Pendant toutes ces années, il y eut deux pôles de stabilité dans ma vie: Lionel, bien sûr, et Simone. Nous restions toujours en contact. Je pouvais toujours compter sur elle en cas de besoin. Elle restait ma grande sœur.

— Lequel des livres de Simone compte le plus à vos yeux?

— Celui sur ma mère, intitulé *Une mort très douce*, que Simone m'a dédié, est trop intime pour que j'en parle. Je mentionnerai les autres par ordre chronologique. J'ai été bouleversée lorsque son premier ouvrage, *L'Invitée*, parut. C'était en pleine guerre. Je me trouvais au Portugal avec Lionel et je n'avais pas vu Simone depuis des années. Je suis entrée dans une librairie, et là, pour la première fois, se trouvait un livre de ma sœur en devanture. Je fus à la fois très émue et très fière. Son roman *Tous les hommes sont mortels* m'a réconciliée avec la mort. Je ne suis d'ailleurs pas la seule qui ait été touchée par la profondeur du récit. La reine Margaret du Danemark en a tant apprécié la lecture qu'elle en a rédigé, de ses propres mains, une traduction en danois, avec l'aide de son mari le prince Henri de Montpezat. L'ouvrage démontre à quel point l'immortalité serait effrayante et insupportable. Une de mes plus grandes joies se produisit lorsqu'un jour Simone me dit: «Tu vas être à présent en mesure d'illustrer un de mes livres, *La Femme rompue*.» Un de mes rêves les plus chers allait se réaliser. J'avais peint quelques aquarelles pour *L'Invitée*, mais elles n'avaient pas été reproduites car le texte était déjà en lui-même très long. Pour *La Femme rompue*, l'une des trois nouvelles de ce volume, il était facile de prévoir des illustrations. Le travail que j'effectuais fut une révélation pour moi; créer des images pour représenter ce qu'une femme avait écrit cristallisait une intimité que je n'avais jamais imaginée possible.

Pendant qu'Hélène me racontait ses souvenirs, Lionel était entré dans la chambre. Assis sur le fauteuil que les chattes avaient bien voulu lui céder, il écoutait. Lionel pouvait passer des journées entières dans le salon-bibliothèque. Il aimait y lire et réfléchir sur l'histoire des civilisations et des religions. Une fois à la retraite, il organisa des conférences culturelles sur les sites préhistoriques et archéologiques à travers toute l'Europe.

Au cours de l'une de nos promenades dans les Vosges, je l'interrogeai sur sa première rencontre avec Simone et Hélène. Il ralentit son pas sur le chemin de montagne et me dit:

— J'avais 18 ans lorsque je les ai rencontrées. J'étais en classe de philosophie au lycée du Havre, où j'avais la chance d'avoir un jeune professeur agrégé très brillant, Jean-Paul Sartre. Son apparence n'était pas considérée comme très convenable dans cette ville de province très traditionnelle. Et pourtant, il était détendu, drôle et merveilleusement intelligent. À une époque où il était inconcevable qu'un professeur ait des contacts avec ses élèves en dehors du lycée, il se plaisait à bavarder avec nous au café, répondant à toutes nos questions. Nous l'interrogions aussi bien sur la vie, la mort ou les femmes que sur les romans américains qu'il adorait. Il s'adonnait au sport, en particulier à la boxe. Il écoutait attentivement tout ce que nous lui disions et aimait que je vienne lui raconter les derniers potins de la ville. L'univers qu'il décrit dans *La Nausée* a été inspiré par ses conversations avec ses élèves, qui avaient donné à Sartre le surnom de «petit homme». Pour ma part, comme j'étais celui qui posait le plus de questions, je devins «le disciple».

De retour de promenade, Hélène me montra la dédicace que Sartre avait écrite à Lionel sur son exemplaire de *La Nausée*: «Au disciple philosophe et futur écrivain Lionel de Roulet, avec affection. Le petit homme – Sartre» Tandis que nous regardions le livre, nous nous étions assis dans les fauteuils de velours rouge de la bibliothèque face aux livres rangés de Simone et de Sartre. Je demandai à Lionel si Sartre lui avait parlé de Simone lorsque tous deux se trouvaient au Havre.

— Tout d'abord, il n'a pas évoqué son existence. Pourtant, elle se trouvait non loin de nous, puisqu'elle enseignait la philosophie au lycée de Rouen, à 100 kilomètres de là. Un jour, au détour d'une conversation, il mentionna son nom, déclarant qu'elle était d'une rare intelligence. Il envisagea même de me la présenter dès qu'elle viendrait le rejoindre au Havre. Les circonstances devaient en décider autrement. À l'issue de mes études secondaires, je me rendais régulièrement à Paris pour suivre un cours de psychopathologie à l'hôpital Sainte-Anne. Un jour, dans le train qui me ramenait de Paris au Havre, je m'entretenais avec un jeune ami de l'ouvrage d'Agatha Christie, *Le Meurtre de Roger Ackroyd*, que Sartre m'avait recommandé. Nous avions haussé le ton pour essayer d'impressionner les deux jeunes filles qui étaient assises dans notre compartiment. Elles faisaient mine de nous ignorer, mais nous avions entendu l'une d'elles chuchoter à l'autre: «Je crois que l'un de ces deux garçons est le disciple de Sartre.» Et là, à notre stupéfaction, elles ont sorti un fer à repasser de leur valise et l'ont utilisé pour casser des noix.

Lorsque Lionel retrouva Sartre au Havre, quelques jours plus tard, le professeur de philosophie regarda son élève d'un air moqueur et lui dit:

— Savez-vous qui vous avez essayé d'impressionner dans le train? Le professeur de philosophie de Rouen dont je vous avais parlé, Simone de Beauvoir, et sa sœur, Hélène.

— Quelle jolie paire!

Le lendemain, Simone et Hélène invitèrent Lionel à déjeuner à Rouen. Lorsque Sartre demanda à Lionel comment s'était déroulé le repas, Lionel répondit:

— Elles m'ont traité comme un petit garçon! Elles m'ont offert une barre de chocolat!

Lionel était plus jeune que les deux sœurs; il venait d'avoir 19 ans, alors qu'Hélène était âgée de 22 ans et Simone de 24. Ils devinrent vite tous les quatre inséparables. Alors que Lionel faisait ses études de médecine, il tomba soudain gravement malade. Il avait contracté une tuberculose osseuse et risquait la paralysie. Il fut envoyé à Berck, une petite ville en bord de mer où les tuberculeux étaient transportés sur des tables de bois pour les promenades et les pauses dans les cafés. Malgré les horaires de train irréguliers et la distance, Hélène, Simone et Sartre venaient souvent lui rendre visite. Lionel n'aimait guère parler de cette période. Il m'expliqua cependant combien il racontait à Sartre dans le menu détail la morne vie quotidienne que lui et les autres tuberculeux menaient. Sartre s'est largement inspiré des descriptions faites par Lionel de l'univers du sanatorium. Celles-ci étaient si précises que le livre suscita des malentendus. Certains voulurent croire que Lionel partageait les mêmes idées politiques que le personnage Charles, décrit par Sartre comme fasciste. En réalité, Lionel et Charles n'avaient de commun que la maladie.

Par la suite, Hélène et Lionel effectuant de longs séjours à l'étranger, celui-ci ne fut plus le disciple de Sartre. Il devait même s'en distancier, car leurs cheminements politiques furent à la fois alternatifs et opposés.

Avant-guerre, Lionel, jeune étudiant, s'engagea dans les mouvements socialistes. En 1932, il créa même, pour ridiculiser les monarchistes, le Parti mérovingien. Sartre se moqua de l'engagement à gauche de Lionel. Quel intérêt trouvait-il donc à se mêler de politique? À ce moment-là, «le petit homme» entendait ne se consacrer qu'à l'écriture, et la politique ne le concernait pas. Même la guerre civile d'Espagne et l'engagement aux côtés des républicains de certains intellectuels français n'influencèrent ni Simone ni Sartre dans leur cécité politique. Au début de l'Occupation, les deux écrivains ne crurent pas devoir s'engager ni d'un côté ni de l'autre. Mais leur attitude à l'égard de la politique allait rapidement évoluer. Pendant la Seconde Guerre mondiale, deux événements leur montrèrent l'implication de la politique dans tout destin individuel: Sartre fut fait prisonnier et Simone fut séparée de sa sœur pendant près de cinq ans. Dès lors, ils conçurent la nécessité pour tout être, et en particulier pour les intellectuels, d'un engagement politique.

Hélène et Lionel ne revinrent à Paris qu'après la guerre. Le premier numéro des *Temps modernes*, dans lequel Sartre fixait la morale de son action et de son écriture, était déjà paru en septembre 1945. L'écrivain avait dorénavant un rôle, celui de s'engager dans son époque.

Les relations entre Lionel et Sartre connurent d'autres malentendus. Lionel était à nouveau l'objet de sourires et de critiques acides de Sartre, cette fois pour des raisons inverses à celles d'avant-guerre. L'ancien «disciple» avait en effet cessé de militer. Après avoir participé aux réseaux gaullistes au Portugal, la guerre gagnée il laissa le rôle de militant politique à son «beau-frère». Sartre redoubla ses critiques après que Lionel eut accepté d'entrer au ministère des Affaires étrangères, ayant d'abord en charge la direction de l'information à Vienne et ensuite celle d'instituts culturels à l'étranger. Lionel rejoignit ainsi, sous les sarcasmes de Sartre et de son entourage, ce que l'on appelait alors de manière péjorative «le système». Il détonnait à présent dans l'univers sartrien.

Mais cette attitude critique disparaissait lorsque Sartre et Simone rendaient visite à Hélène et Lionel dans les différents pays où ils vécurent. Loin de leur entourage, les deux écrivains savaient retrouver la même tendresse et le même humour qui les avaient tant unis. Cet éloignement physique fut probablement profitable au jeune couple.

— C'est peut-être mieux ainsi, me dit Hélène. Lionel n'a pas passé sa vie dans l'ombre envahissante de Sartre et de Simone, comme certains qui n'ont pas réussi à exprimer leurs talents. Et Lionel a ainsi pu, outre son métier, se consacrer à sa passion, l'étude symbolique et mythologique des civilisations.

La culture de Lionel rappelait celle des Encyclopédistes. En voyage aux États-Unis avec Hélène et son mari, je pus mesurer sa connaissance archéologique et ethnologique des Indiens d'Amérique. Ainsi, Simone et Hélène ont, toutes deux, vécu avec des hommes d'une grande intelligence. Chacune a su trouver des moyens d'expression dans la création artistique. Simone est certainement plus connue qu'Hélène, mais la peinture d'Hélène raconte aussi bien l'univers des femmes.

Si la relation entre les deux sœurs fut toujours d'une immense tendresse, dans les années 70, une légère rivalité s'installa entre elles. Le féminisme en fut la cause.

Hélène s'occupait activement du centre S.O.S. Femmes Battues, qu'elle-même et les féministes alsaciennes avaient ouvert en 1976. Chaque année, Hélène recevait dans sa maison et son jardin de Goxwiller les femmes battues et leurs enfants pour un goûter qui se prolongeait tard dans la soirée. Cette coutume se perpétua pendant 10 ans. Elle fut interrompue en 1986, année au cours de laquelle la santé de Lionel commença de décliner. Les féministes de cette région de France prenaient de plus en plus de plaisir à se réunir à Goxwiller. En 1976, je rentrais d'un week-end passé chez Hélène où j'avais rencontré des femmes alsaciennes et allemandes. Elles étaient réunies chez elle, non pas autour d'un whisky, mais autour de thé chaud, de *kougelhopf*, de pâtisseries crémeuses au chocolat et au café. À l'occasion d'un rendez-vous avec Simone quelques jours plus tard, j'évoquai aussitôt, sans mesurer ma maladresse, ce goûter:

— Vous savez, les femmes alsaciennes adorent Hélène! Ses discours et ses tableaux sont très féministes! Hélène est en train d'insuffler un réel dynamisme au Mouvement en Alsace!

Le visage de Simone se ferma. Sa voix se fit alors plus sèche:

— Oh, cela ne m'étonne pas! De toute façon, à présent ma sœur raconte qu'elle était féministe avant moi!

— En effet, osai-je ajouter, Hélène m'a dit qu'elle avait souffert jeune peintre du machisme ambiant. Elle a donc été féministe très jeune.

— Oui, certes elle en a souffert, mais de là à avoir été féministe dès cette époque, il ne faut tout de même pas exagérer!

Par la suite, ce sens de la hiérarchie familiale et féministe nous fut rappelé, à Hélène et à moi. Mon appartement se situant près de la rue d'Alésia, à 10 minutes à pied de la rue Schoelcher, Simone eut l'occasion de venir déjeuner chez moi. Elle y venait lorsque Hélène y séjournait, ce qui se produisait fréquemment. Une fois, comme j'avais convié deux amies féministes à déjeuner, Simone et Hélène se trouvaient assises côte à côte à table. Chaque fois qu'Hélène voulait émettre un avis, Simone lui disait, parfois sans même la regarder: «Tais-toi!» et elle nous passait la parole.

La petite sœur n'arrêta pas pour autant là l'affirmation de son indépendance féministe. Pendant mes années au sein du Mouvement, j'avais relu intégralement l'œuvre de Simone. Ses *Mémoires*, ses témoignages et ses ouvrages philosophiques me semblaient toujours aussi passionnants et d'une grande honnêteté intellectuelle. Par contre, dans ses œuvres romanesques, dont j'appréciais par ailleurs l'intelligence et la qualité des intrigues, je restais déçue par les personnages féminins. Ils me semblaient trop stéréotypés et trop négatifs. Outre la discussion que j'avais eue à ce propos avec Simone, j'abordai longuement ce sujet avec Hélène. Elle partageait mon point de vue.

Quelques jours plus tard, Hélène séjourna chez moi à Paris. Elle se rendit dès le lendemain chez sa grande sœur. Encore imprégnée des conclusions de notre conversation, elle souhaitait faire part à Simone de nos remarques. L'aînée eut ainsi la surprise de recevoir un cours de féminisme:

— Tu sais, Claudine trouve que tes personnages féminins sont un peu trop négatifs! Ses exemples sont très convaincants! C'est étonnant à quel point tu n'as décrit aucune femme d'un point de vue féministe!

L'auteur du *Deuxième Sexe* dut ainsi, ce jour-là, justifier l'absence de féminisme dans certains passages de son œuvre. Je n'eus pas l'impression que le renversement des rôles enchanta Simone, mais ces petites tensions ne m'inquiétaient guère. Simone regardait, envers et contre tout, Hélène avec la même tendresse. Dès qu'elle voyait sa sœur, elle la prenait dans ses bras et la serrait fort, l'appelant parfois «Poupette», parfois «ma bonne sœur». Hélène fut le seul être que je vis aussi chaleureusement embrassé par Simone.

Hélène aurait-elle pu être jalouse? La notoriété de son aînée ne lui rendait pas la vie aisée. Des inconnus, venant aux expositions de ses tableaux, lui tenaient parfois ces propos grossiers: «Votre sœur est-elle ici? Pouvez-vous nous la présenter?»

Simone était consciente de la situation parfois ambiguë d'Hélène. Au cours d'un déjeuner, évoquant Paloma Picasso, je lui dis combien il n'était pas facile d'être la fille d'une célébrité. Simone s'exclama aussitôt: «Et la sœur donc!»

Hélène fut sauvée de la jalousie par le rôle protecteur que sa grande sœur avait adopté à son égard dès leur petite enfance, rôle qui ne se démentit jamais. Quoi qu'elle fît, Hélène sentait que Simone l'aimait et l'aimerait. Alors, au lieu de la jalouser, Hélène l'aima en retour.

Simone pouvait, par ailleurs, avoir un motif d'envier Hélène. Vers la fin de sa vie, elle tint à sa cadette les propos suivants:

— Tu as de la chance de toujours peindre. Moi, je n'ai plus envie d'écrire des romans. Je n'ai plus rien à dire. Un peintre, lui, a toujours quelque chose à exprimer.

Aujourd'hui encore, devant son chevalet, Hélène tient son pinceau, debout, hiver comme été. La peinture continue de l'aider à vivre. Peu après la mort de Simone en 1986, Lionel tomba gravement malade. Pendant cinq ans, Hélène l'a soigné jour et nuit dans leur maison de Goxwiller. Puis, un soir, il s'en est allé. Hélène s'est retrouvée seule, orpheline des deux êtres qu'elle aimait le plus au monde.

Il fallut continuer à vivre, réapprendre les gestes du matin, du midi et du soir. La première année qui suivit la disparition de Lionel, Hélène n'avait plus la force de se rendre sur les chemins des Vosges et du mont Sainte-Odile, qu'elle avait arpentés 20 années durant avec son compagnon.

Peu à peu, elle reprit le chemin de son atelier et peignit avec rage et désespoir des toiles de deuil. Lorsque je retournai à Goxwiller, quelques semaines plus tard, elle me montra son travail. Un sourire, mêlé de larmes, éclairait son visage.

— Il faut résister, dit-elle. La vie reste belle.

Depuis, sa maison ne désemplit pas. Des amis lui rendent visite de toute l'Europe, des États-Unis, et même du Japon, et ses tableaux sont exposés dans le monde entier.

En juin 1995, j'accompagnai Hélène au Portugal, à l'invitation de l'Université d'Aveiro, située au sud de Porto. Dans des bâtiments d'une architecture ultra-moderne entourés de salines, Hélène donna une conférence sur les femmes et la création. Elle inaugura, en présence des plus hautes autorités du pays, trois expositions réunissant tous ses tableaux peints entre 1940 et 1945, époque où elle vécut en Algarve puis à Lisbonne.

Hélène était très émue. C'était la première fois qu'elle retournait sur cette terre où elle s'était mariée et où elle avait été si heureuse avec Lionel. La première fois aussi depuis la disparition de l'homme qui avait accompagné sa vie pendant un demi-siècle. Plus de 50 ans s'étaient écoulés et les Portugais se pressaient pour admirer des peintures représentant un Portugal d'antan: «Hélène, votre œuvre est un témoignage du Portugal à présent disparu, elle fait partie de l'histoire de notre pays!» s'est exclamé notre ami Pedro Calheiros. Elle approuva et fit don, à la fin de son séjour, de tous ces tableaux à l'Université d'Aveiro décidée à créer un musée Hélène-de-Beauvoir: «Ils appartiennent au patrimoine national du Portugal. Leur place est ici. Je ne sais pas si je les reverrai un jour, mais je sais qu'ils y seront bien.»

Avant de reprendre l'avion pour Paris, elle regarda une dernière fois les jardins, les lagunes qu'elle avait jadis tant aimés, les églises de la ville de Porto, et fit un ultime tour dans les salles décorées de ses toiles. Elle s'arrêta devant un portrait de Lionel jeune, puis, se tournant vers Pedro et moi, elle ajouta: «On ne se remet jamais de la perte de l'être aimé. Jamais.»

Chapitre IV

Sartre

S artre et Simone: beaucoup a déjà été écrit sur leurs relations. Je souhaiterais ici faire part de mon expérience de
jeune femme mêlée, sans le vouloir, à leur univers.

Nous savions toutes combien l'échange tant affectif qu'intellectuel entre Simone et Sartre était exceptionnel. Certains
me demandaient parfois lequel des deux marquerait le plus
l'histoire des idées. La seule réponse pertinente à cette question est, me semble-t-il, de mesurer l'influence de Simone et
de Sartre sur la vie des gens.

Leur affection mutuelle était intense, quoique parfois
chaotique. Cependant, les orages ne les empêchèrent pas de
s'aimer jusqu'à la mort. Ce n'était pas toujours une situation
facile pour Simone, puisqu'elle était au courant des liaisons de
Sartre avec d'autres femmes. Dans certains milieux féministes, il
est de bon ton aujourd'hui de reprocher à Simone de s'être
soumise à des compromissions certainement douloureuses pour
elle. La réalité n'était pas si simple. Je souhaiterais l'évoquer.

Outre sa tendresse pour Simone, Sartre était profondément
attaché à Michèle Vian, la première femme de Boris Vian.
Michèle était une ravissante jeune blonde plantureuse dont
Sartre tomba amoureux dans les années 50. Leur relation devait
durer jusqu'à la mort de celui-ci. Après les événements de Mai
1968, Michèle fut très active dans les mouvements gauchistes.

Nous allions aux mêmes réunions, d'abord dans les groupes
gauchistes, ensuite au MLF. Toutes deux en révolte contre le
machisme ambiant, nous adorions rire. Intelligente et pétillante,
Michèle avait gardé de sa vie partagée avec Boris Vian un humour
décapant. Celui-ci nous était d'un grand secours lorsque nous
devions écouter les discours fleuves de certains «révolutionnaires».

Ce fut grâce à cet humour que je rencontrai Sartre. En 1970, Alain Geismar, Jean-Pierre le Dantec et Michel le Bris avaient été condamnés, pour des motifs futiles mais en réalité politiques, à plus d'un an de prison. Ils y étaient traités comme des prisonniers de droit commun et non comme des prisonniers politiques. Pour protester contre cette situation, quelques intellectuels français décidèrent d'entamer une grève de la faim, exigeant en particulier que ces trois prisonniers soient autorisés à recevoir des livres et des journaux. Michèle décida de participer à ce mouvement de protestation énergique. Naturellement, Sartre vint aussitôt lui rendre visite. Il restait là parfois une heure ou deux, lui apportant ainsi son soutien.

Quelques jours après avoir entamé cette grève de la faim, Michèle souffrit de violents maux de tête et ne pouvait guère plus se concentrer. Aussi me demanda-t-elle de lui apporter des lectures faciles et drôles. Le matin suivant, j'arrivai vers 10 heures à la chapelle de la gare Montparnasse où logeaient les grévistes de la faim. Sartre y était depuis déjà quelques minutes, assis sur le lit de Michèle. Tandis que j'avançais vers eux, je me rendis compte que Michèle allait certainement me présenter à lui. Or, les seules lectures que je tenais dans mes bras étaient les bandes dessinées de Snoopy et Charlie Brown. «Je vais me ridiculiser», me dis-je. Quelle mésaventure pour la jeune étudiante que j'étais et qui avait toujours rêvé d'être prise au sérieux par Sartre! Il me salua avec un grand sourire et me proposa de m'asseoir à ses côtés sur le lit:

— Voyons, qu'avez-vous donc apporté à Michèle?

Je me sentis rougir et répondis d'une voix mal assurée:

— Juste quelques bandes dessinées des États-Unis pour la distraire.

Il commença à les feuilleter une à une, en prenant son temps.

— Vous aimez ce genre de lecture? me demanda-t-il en me dévisageant.

Je lui répondis, comme si je devais me justifier, que dans ma famille nous appréciions l'humour aussi bien français que britannique et américain. Sartre entreprit alors de me raconter certaines des bandes dessinées qui avaient le plus marqué son enfance. J'écoutais attentivement. J'avais oublié que dans le recueil de ses souvenirs, *Les Mots,* Sartre avait décrit en détail son amour pour les livres d'images. Nous avons échangé de profondes considérations philosophiques sur le symbolisme des personnages de Charlie Brown et de Lucy la petite peste, alors que tous deux ne bénéficiaient pas encore d'une grande renommée en France. Je me détendis et entrepris de l'observer. Il était aussi peu attirant et aussi laid qu'on voulait bien le dire, mais sa voix résonnait d'un tel charme que l'on prenait un réel plaisir à l'écouter. Je passai ainsi une heure entière avec lui. On me raconta par la suite que Sartre en avait gardé un très bon souvenir.

Cela aurait pu être le début d'une relation amicale. Depuis longtemps, je rêvais de m'entretenir avec lui de son œuvre. Je voulais aussi lui dire quelle émotion j'avais ressentie en lisant ses déclarations dans *Les Temps modernes* concernant l'engagement de l'écrivain dans son époque. Mais, plus que tout, je souhaitais m'entretenir avec lui de son ouvrage sur l'antisémitisme, *Réflexions sur la question juive,* qui avait bouleversé ma jeunesse. J'avais enfin, avec l'enthousiasme de mes 20 ans, envie de lui dire en face combien ses écrits et ceux de Simone m'avaient apporté l'énergie et le désir de mener une vie intérieure plus riche et indépendante à l'avenir.

J'exprimai ces préoccupations à Michèle qui, tout naturellement, me proposa quelques semaines plus tard de déjeuner avec Sartre et elle. Liliane Siegel, une autre amie de Sartre, que je connaissais également, eut vent de ce rendez-vous. Elle prit la mouche. Si je tenais à rencontrer Sartre, pourquoi ne le lui avais-je pas demandé?

Ne comprenant pas les raisons de cette soudaine tension pour un simple rendez-vous, je me confiai à Chloé, une amie plus âgée et plus expérimentée que moi. Chaleureuse et ouverte, cette jeune femme d'origine brésilienne se comportait à mon égard comme une grande sœur protectrice. Apprenant à son tour que je me trouvais au milieu de rivalités entre deux amies de Sartre, Chloé eut aussitôt la réaction suivante:

— N'y va pas! Ne t'approche pas de Sartre! Sinon, ils vont te détruire!

Que voulait-elle dire?

— Récemment, ils ont été d'une telle méchanceté avec une jeune amie de Sartre que l'on dit qu'elle se serait suicidée. Fais attention! C'est un petit groupe très fermé! Tu es jeune, ils vont te manipuler et te faire beaucoup de mal!

Je m'assis, songeuse. Des rumeurs circulaient sur les aventures de Sartre avec des jeunes femmes de mon âge qui, disait-on, se terminaient parfois mal. Mais il était alors impossible d'en savoir plus. Avec la publication en 1990 des lettres de Sartre et de Simone, la vérité éclata, aussi cruelle que ce que Chloé m'avait laissé entendre.

Alors, que choisir? Un déjeuner avec Sartre qui serait mal interprété par les différents clans de son entourage? Mais comment refuser une invitation à un simple repas dont j'avais rêvé des années durant dans ma chambre d'adolescente? Les jours qui suivirent cet entretien avec Chloé, je me sentis déchirée. Cependant, plus les heures passaient, plus je sentais confusément que si je m'approchais de Sartre je risquais d'être happée dans un gouffre dont je ne pourrais plus sortir. Ce huis clos m'apparut soudain très inquiétant. Je pris peur.

La semaine suivante, déjeunant avec Liliane à *La Coupole*, je traversai la salle et m'approchai de la table de Sartre et de Michèle Vian. D'une voix hésitante, je leur annonçai qu'à mon grand regret je ne pouvais venir déjeuner avec eux le jour convenu. J'inventai une excuse si peu crédible que Sartre sourit. Michèle ne sembla pas m'en vouloir et ne m'en reparla jamais. Je revins à notre table; Liliane rayonnait. Je me sentis seule, ma jeunesse dépassée par des enjeux que je ne comprenais pas alors.

Lorsque Sylvie publia, après leur mort, des lettres de Sartre et de Simone, je découvris, comme d'autres, les jeux pervers auxquels se livraient les deux écrivains avec des jeunes filles. La violence, le ton méprisant qu'ils employaient entre eux, se racontant leurs coucheries et leurs manipulations, me remplirent de désolation. Était-ce donc de cela que Chloé avait voulu me protéger? J'avais cru approcher un grand écrivain, un penseur, un philosophe, m'adresser à lui comme une élève à un maître. Pas un seul instant n'avais-je imaginé les faiblesses de cet être humain que cachait le masque de son écriture. Ses pages étaient souvent imprégnées de moralité, et voilà que m'éclatait au visage son mépris pour des femmes qui n'avaient comme défaut que leur désir de l'admirer.

Mais revenons à cette grève de la faim de la chapelle Montparnasse. Ce fut le même jour que j'entendis parler des femmes prétendument «hystériques» du MLF. Au début, Michèle se méfiait d'elles, leur reprochant leur manque de vision politique, mais elle savait que Simone les respectait et leur apportait déjà son soutien. Aussi finit-elle par joindre le Mouvement. Elle s'y plut, elle aussi, très vite. Elle participait à de nombreuses réunions, mais évitait celles où Simone était présente. Les deux femmes ne semblaient guère s'aimer. Peu après la disparition de Sartre, je commis la maladresse de mentionner Michèle devant Simone. «Ah! me dit-elle, vous voulez parler de l'une des veuves!» Quoi de plus normal? Elles aimaient le même homme.

Chacune avait droit chaque semaine à un certain nombre d'heures, de déjeuners et de dîners avec Sartre. Son univers et son emploi du temps étaient fort bien organisés. Généralement, son entourage le plus proche savait où le joindre à n'importe quel moment de la journée: Arlette El Kaïm, cette jeune Algérienne qu'il décida d'adopter après la guerre d'Algérie; Wanda, une ancienne maîtresse, sœur d'Olga, l'héroïne principale de *L'Invitée*; et enfin, Liliane Siegel, qui fut la seule à déclarer à la télévision qu'elle n'avait pas entretenu un lien amoureux avec lui.

Je fis également, à la même époque, connaissance avec Liliane Siegel, qui devait devenir mon professeur de yoga pour quelques années. Mais c'est par Michèle que je découvris le monde structuré de Sartre et de Simone. Sartre déjeunait avec l'une ou l'autre de ces femmes, généralement à sa table, au fond de *La Coupole*. Un jour, à l'issue du cours de yoga, je déjeunai là avec Liliane tandis que Sartre partageait son repas avec Michèle. Elle passa son temps à les observer. Liliane, une très belle femme brune, avait aussi une place de choix dans l'emploi du temps de Sartre. Elle prenait souvent son petit déjeuner avec lui dans un café au décor sinistre, le *Café des Arts*, situé au coin du boulevard Raspail et du boulevard Edgar-Quinet. Parmi ses attributions, elle conduisait en voiture Sartre et Simone à travers Paris, et jouait au piano tandis que lui chantait. Liliane était en effet une aussi bonne musicienne qu'un professeur de yoga très respecté. Elle a d'ailleurs publié plusieurs ouvrages sur ce dernier sujet.

Nous étions plusieurs à nous interroger sur les activités quotidiennes de la fille adoptive de Sartre, que nous n'avons jamais vue dans les groupes de femmes. Jamais elle ne sembla manifester une quelconque sympathie à notre égard. L'inimitié entre Arlette et Simone était finalement beaucoup plus forte qu'entre Simone et les «veuves». À la mort de Sartre, cette inimitié devait se confirmer.

Wanda était une actrice peu connue avant-guerre, mais qui avait fait une forte impression sur Sartre. Plusieurs de ses pièces de théâtre avaient été écrites non pour Simone mais pour elle. Elle passait une soirée avec lui de temps en temps. Elle non plus n'a jamais semblé s'intéresser à la condition des femmes.

D'après ce que j'ai pu voir et entendre, Michèle avait droit à plusieurs déjeuners par semaine, suivis de quelques heures dans l'après-midi. De temps à autre elle passait une soirée avec Sartre. Ils se parlaient tous les jours, parfois plusieurs fois dans la journée. Chaque soir, entre 11 h 30 et minuit, Michèle lui téléphonait, où qu'elle fût et où qu'il fût. Comme nous dînions ensemble plusieurs fois par semaine avec d'autres femmes du Mouvement, j'eus l'occasion d'observer Michèle à maintes reprises se lever de table et partir téléphoner. Elle ne s'en cachait d'ailleurs pas, et l'appelait même chez Simone lorsqu'il y passait la soirée.

Au centre de toutes ces femmes, Simone restait celle à laquelle il accordait le plus de son temps. Certes, ils n'habitaient pas ensemble. Chacun disposait de son propre appartement dans le XIVe arrondissement, entre Montparnasse et Denfert-Rochereau. Ces lieux n'étaient éloignés l'un de l'autre que de 200 à 300 mètres. J'eus l'occasion de me rendre, en compagnie de Gilbert ou de camarades du MLF, dans les deux appartements que Sartre occupa successivement: l'un boulevard Raspail et l'autre avenue Edgar-Quinet. Une atmosphère austère y régnait: des murs blancs et peu décorés, une petite chambre avec un lit étroit ressemblant à une cellule monacale. Les appartements de Sartre comportaient en réalité une grande pièce baignée de lumière, indispensable à sa principale raison de vivre: écrire.

De grandes étagères pleines de livres ornaient le mur gauche. En plein centre de la pièce siégeait une très grande table, en chêne peut-être, recouverte de papiers. Sartre achevait alors l'un des tomes de *L'Idiot de la famille* sur Flaubert. Juste à côté, se trouvait une autre table, beaucoup plus petite, qui confirmait le fait que ce n'était pas un, mais deux écrivains qui travaillaient là. Sartre et Simone avaient passé beaucoup de temps à la Libération à écrire dans les cafés, en particulier au *Flore* et *Aux Deux Magots*. Mais lorsque je fis leur connaissance, en 1970, ils travaillaient chez eux. J'ai d'ailleurs toujours vu Simone écrire sur de petites tables, même chez elle. Comment donc pouvait-elle étaler tous ses documents? Je ne le sus jamais. Elle écrivait sur le papier quadrillé cher aux écoliers. Son écriture, longue et penchée à droite, contrastait avec celle de Sartre, petite et ronde.

Si l'appartement de Sartre semblait, avant tout, servir de lieu indiqué pour le travail littéraire, le studio de Simone était, par contre, le refuge chaleureux et douillet pour les amis venus converser. Hélène m'a dit que Sartre dormait chez Simone environ deux nuits par semaine, dans la chambre minuscule audessus du salon.

En d'autres occasions, l'on pouvait croiser dans Paris le couple le dimanche, en début d'après-midi, vers 13 h 45. Ils descendaient à petits pas le boulevard Raspail puis, au coin du boulevard Raspail et du boulevard Montparnasse, tournaient vers la gauche et se dirigeaient alors vers leur brasserie préférée, *La Coupole*. L'endroit était toujours bondé mais Sylvie, qui les accompagnait, savait les protéger de la foule.

Nous connaissions toutes Sylvie. Ancienne élève de l'École normale supérieure de jeunes filles, professeur agrégé de philosophie, cette jeune femme que Simone allait plus tard adopter a participé à quelques activités du MLF. Nous avions conscience de la place particulière qu'elle occupait dans le cœur de Simone. Malgré la chaleur, elle passait ses vacances avec Sartre et Simone l'été à Rome. Sartre détestait la campagne alors que Simone, jadis excellente marcheuse, l'adorait. Mais, pour faire plaisir à Sartre, elle passait avec lui la plus grande partie des vacances d'été dans des villes. Je ne fus donc pas étonnée qu'après la mort de Sartre Sylvie et Simone quittent Paris pour des week-ends à la campagne.

Revenons au Paris des années 70. Les femmes de Sartre étaient toujours disponibles pour le voir. Elles habitaient à environ 200 mètres les unes des autres mais dans des rues différentes. Michèle Vian pouvait se rendre directement de son appartement boulevard Montparnasse à *La Coupole* sans croiser Liliane Siegel qui habitait boulevard Raspail. Mais même lorsque Sartre, presque aveugle au crépuscule de sa vie, marchait avec difficulté, il était encore capable de se déplacer de chez l'une à chez l'autre et de trouver là le refuge et le repos dont il avait besoin.

Comment, dans ces conditions, accorder une quelconque crédibilité au féminisme de Simone? Telle est la question que de nombreuses femmes me posent. N'a-t-elle pas toléré des compromissions indignes d'elle? Dans les années 70, j'étais choquée par la prétendue liberté au sein de ce couple. Sartre semblait très bien s'en accommoder, mais Simone n'avait pas l'air heureuse.

Pour la jeune fille que j'étais, sans homme et idéalisant l'amour, l'une des plus grandes blessures fut de découvrir que mon couple phare était surtout constitué de déchirements, de souffrance et de larmes. J'avais à peine entamé mon éducation sentimentale et les rapports amoureux me semblaient inaccessibles. La souffrance était-elle le prix inévitable de l'amour? Les hommes se comportaient-ils tous comme Sartre? «Mais non, me disais-je, je connais quelques couples qui ont l'air heureux.» Cependant, cela ne parvenait pas à me rassurer.

Jamais je n'avais imaginé que Sartre et Beauvoir rendraient mon entrée dans la vie adulte aussi angoissante.

Le temps passant, j'en vins à ressentir les choses un peu différemment. Toute sa vie, Simone eut le privilège de vivre elle-même d'importantes histoires d'amour. Elles étaient peut-être contingentes, mais elles n'en étaient pas moins des relations épanouissantes. Simone a eu le courage de les décrire à une époque où il était malvenu pour une femme d'avoir des liaisons hors mariage. N'est-ce pas là une preuve de son féminisme?

Les aventures de Sartre, qui lui ont apporté amour et tendresse, n'étaient pas basées sur un échange intellectuel aussi exceptionnel que celui qu'il connaissait avec Simone. Elle, par contre, a vécu non seulement des amours, mais aussi des échanges intellectuels passionnants avec Nelson Algren, puis avec Claude Lanzmann. En réalité, Sartre et Simone ont eu tous les deux la chance d'avoir été profondément aimés.

Alors, j'ai quelques réserves aujourd'hui lorsque j'entends certains dire, en une phrase définitive, que Simone n'a pas été à la hauteur de ses déclarations féministes. Nous avons tendance à oublier que Simone naquit au début de ce siècle, en 1908, dans une vieille famille aristocrate et conservatrice. Nous oublions également que le droit de vote en France ne fut accordé aux femmes qu'en 1945 par le général de Gaulle et que, tout juste quatre ans après cet événement, Simone publiait *Le Deuxième Sexe*. Il n'est pas étonnant que cet ouvrage ait déclenché l'un des plus grands scandales littéraires d'après-guerre. Après sa parution, Simone fut l'objet continu de critiques, d'insultes. Au contraire de nous, elle devait faire front seule. Comment, dans ces conditions, ne pas admirer son itinéraire, son courage, son énergie qui lui ont permis de franchir les obstacles, qui lui ont permis également de nous donner, à nous femmes de la deuxième moitié du XXe siècle, les outils intellectuels nécessaires à notre libération?

Nous, au MLF, n'avons jamais douté de la sincérité de son féminisme. Parce que nous l'avons vue vivre et vibrer avec nous pour ces causes, jour après jour.

Sartre, également, semblait respecter son engagement. En tant qu'homme, il ne pouvait pas participer à nos réunions, exclusivement réservées au sexe féminin. D'ailleurs, cela aurait créé des situations de quiproquos extraordinaires, puisque deux de ses femmes y participaient. Mais il trouva un moyen de nous témoigner son soutien. Il ne nous faisait pas don de sommes précises nécessaires au financement de certaines actions. Seules Simone et Delphine Seyrig agissaient ainsi. Lui préférait intervenir indirectement. Lorsque nous sortions des réunions tard dans la nuit, Michèle Vian aimait se joindre à nous pour souper. Notre jeunesse et notre humour convenaient à son goût de l'anecdote et son sens de la plaisanterie. Les dîners s'avéraient fort joyeux. Mais lorsque le serveur apportait l'addition, Michèle voulait souvent payer pour nous toutes. Nous protestions. Elle répondait alors: «Vous ne pouvez pas refuser, ce n'est pas moi qui paie, c'est Sartre.»

Comme Simone, Sartre était réputé pour sa générosité. Je les ai entendus tous deux dire, à maintes occasions: «Voici telle somme pour payer la salle de réunion, et je ne veux pas de remerciements.» Si Simone proposait spontanément de l'argent pour sauver une femme dans le besoin, elle insistait pour que l'on ne lui dise jamais de qui cela provenait. Lorsque je suis devenue amie avec Hélène de Beauvoir, en 1975, je ne fus donc pas surprise de l'entendre parler de la générosité de son aînée. En réalité, la plus grand partie de l'argent que Sartre et Simone ont gagné est allée aux causes qu'ils souhaitaient défendre. L'un des plus grands engagements financiers de Sartre et de Simone fut à l'égard du journal *Libération*. Ils le sauvèrent, à plusieurs reprises, de situations difficiles.

Bien que Sartre fût l'élément principal de la vie amoureuse de Simone, subsistait la question de ses relations avec les femmes. Simone avait-elle des aventures avec des personnes du deuxième sexe? En 1970, le mot *homosexualité*, jusqu'alors tabou dans la presse, commençait timidement d'émerger.

Un soir, au cours d'un dîner, Claudia, une jeune militante, s'exclama: «Simone est aussi homosexuelle, mais pourquoi n'en parle-t-elle jamais?» Le dimanche suivant, l'une d'entre nous évoqua devant Simone, en termes très vagues, la possibilité pour certaines d'entre nous d'être bisexuelles. Simone pâlit et haussa les épaules. Elle nous fit comprendre par son regard brusquement fermé qu'elle ne supportait même pas que le sujet fût mentionné devant elle.

Mais cette question était régulièrement soulevée durant les réunions. L'importance de Sylvie dans la vie de Simone était évidente. Était-elle aussi son amante? En 1970, je préférais croire qu'il s'agissait d'une relation mère-fille. Cependant, un samedi midi, Cathy, une jeune femme écrivain, invita Simone et quelques-unes d'entre nous à déjeuner chez elle. Nous entamions la deuxième bouteille de champagne lorsque, par la fenêtre, nous vîmes une femme vulgaire et plantureuse, la blouse entrouverte, le maquillage exagéré, qui se penchait par-dessus le balcon de l'immeuble d'en face. Elle semblait sortir d'un tableau de Toulouse-Lautrec. Nous l'observions, amusées, lorsque Simone s'est exclamée: «Quelles lèvres appétissantes elle a!» Un long silence suivit cette remarque. Personne n'osait plus la regarder, mais toutes avions aperçu Simone rougir.

Je continuai à me poser la question de sa bisexualité. Après tout, il n'existait aucune preuve formelle. Simone, certes affectueuse avec nous, maintenait toujours une distance physique marquée qui nous amusait. Nous pensions que cela s'expliquait par l'éducation catholique rigide qu'elle avait reçue. Comment oublier que si les femmes du MLF avaient entre 20 et 30 ans en 1970, la jeunesse de Simone, elle, datait des années 20? Cela ne lui donnait-il pas le droit d'avoir un jardin secret?

Aussi, lorsque certains critiques littéraires m'interrogeaient sur les relations de Simone avec les femmes, je préférais éluder la question et ne pas faire part de mes doutes. Je considérais que cela était du ressort de sa vie la plus intime.

D'ailleurs, pour moi, comme pour mes amies du groupe, il y eut toujours quelque chose de tabou, d'interdit dans la personne de Simone. Nous nous sentions gênées à l'idée de la toucher. Quelques-unes d'entre nous regrettions, à certains moments difficiles, de ne pas pouvoir simplement l'entourer de nos bras pour l'assurer de notre dévotion et de notre affection.

Mais un jour, durant la fête des Femmes à la Cartoucherie de Vincennes, Alice s'avança vers Simone et, dans l'euphorie, l'embrassa sur les deux joues. Simone rougit d'une oreille à l'autre, l'air ravi, mais ne lui rendit pas ses baisers.

Encouragée par cet exemple, je donnai par la suite à Simone un rapide baiser sur les deux joues lorsque je la recontrais. Elle souriait, rougissait parfois, mais ne m'embrassait pas. Ce furent les baisers les plus délicats et les plus aventureux que j'aie donnés.

Je souffrais parfois de son absence de réaction à mon égard. Pourquoi donc ne m'embrassait-elle pas? Était-ce de l'indifférence? De la pudeur? Cette retenue me semblait venir de loin, de plus profond de son être qui se figeait, se momifiait lorsque l'on tentait de l'effleurer. Avait-elle donc si peur de se laisser aller?

Les Journées de dénonciation des crimes contre les femmes, qui connurent un grand succès les 12 et 13 mai 1972 à la Mutualité, m'apportèrent une ébauche de réponse à cette question.

Le samedi après-midi, ainsi que je l'ai raconté précédemment, Simone s'était installée parmi les spectateurs, à l'orchestre. La salle s'était très vite remplie. Nous étions toutes affairées et heureuses. Je me rendis alors auprès de Simone pour partager avec elle quelques instants notre enthousiasme. Olga, qui devait la rejoindre, n'était pas encore arrivée.

— Vous avez vu, Simone, tout ce monde? Je crois que nous avons gagné! Cela va être un week-end historique!

— Oui, c'est merveilleux, Claudine, merveilleux!

Achevant sa phrase, elle prit ma main gauche dans la sienne, se mit à la caresser avec une douceur incomparable. Je faillis reculer d'un bond. Cette main soudain si tendre, cela ne ressemblait pas à un geste d'amitié. J'essayai de la retirer. Assise dans son fauteuil, Simone saisit alors ma main droite et la caressa à son tour, puis s'agrippa à mes bras, mes coudes, s'approchant de mes épaules. Je ne pouvais plus respirer. Je sentis mes jambes flageoler et crus m'évanouir. L'éventualité d'une relation physique dont je n'éprouvais aucune envie aurait sans doute compromis cette amitié à laquelle je tenais plus que tout.

Finalement, sentant ma retenue, Simone lâcha prise. Ne sachant comment m'éclipser sans la blesser, je lui confiai, au lieu de mes mains, mon sac. Elle rougit et le serra fort entre ses jambes. Avait-elle pris un whisky avant de venir? Aujourd'hui, cela me semble probable. Elle n'eut plus jamais d'élan vers moi. Nous devions pourtant nous rapprocher physiquement une fois encore, dans des circonstances que seul le chagrin autorisait.

En réalité, il fallut attendre sa mort en 1986 pour que fut dévoilée au public sa bisexualité. Tout au long de ces années, Simone avait compartimenté son existence. D'un côté, ses activités féministes, de l'autre son univers privé. Cela a certainement été mieux ainsi. Je n'ose imaginer les jeux troubles dont le MLF eût été l'objet si Simone avait pioché dans ce vivier pour assouvir certaines de ses attirances. Ainsi perdura entre Simone et ses filles une atmosphère affectueuse dénuée d'ambiguïté.

Pendant que Simone rajeunissait et embellissait (elle avait aussi perdu quelques kilos), Sartre déclinait. Les dernières années de Sartre furent pour Simone une source de joie grâce au MLF et en même temps un calvaire. Cela nous donna l'occasion de nous rapprocher d'elle plus encore. Sartre perdait peu à peu la vue. Pour un homme qui a consacré sa vie à l'écriture, devenir aveugle signifiait la fin de sa raison d'être. Un jour, à *La Coupole*, j'allai saluer Michèle qui déjeunait en compagnie de Sartre. Je tendis ma main à celui-ci en souriant. Il me sourit à son tour mais, en voulant me serrer la main, il heurta son verre et le renversa. Michèle me raconta par la suite qu'il lui avait demandé de quelle manière j'étais habillée. C'était si douloureux pour lui d'être aveugle qu'il avait besoin que quelqu'un lui décrive chaque scène en détail. Et il ressassait auprès de Michèle les mêmes propos:

— Ma vie n'aura pas été vraiment réussie puisque je n'ai pas été en mesure de rédiger le quatrième volume de mon Flaubert sur Mme Bovary.

Il était désormais incapable de lire et d'écrire même en dictant. Il était donc coupé de sa passion. Il ne lui restait plus qu'à écouter. Simone, Michèle Vian et quelques amis passaient des heures à lui lire journaux, magazines, ouvrages, afin qu'il puisse garder contact avec le monde. Chacun, chacune accusait l'autre de ne pas savoir lire correctement à Sartre.

Mis à part ses amies, un homme entra dans la vie de Sartre vers 1969 et eut une influence considérable sur lui jusqu'à sa mort, en 1980. D'origine égyptienne, à ce moment-là juif non pratiquant, Benny Levy, alias Pierre Victor, avait été l'un des grands artisans du mouvement post-1968 en liaison avec Sartre. Nous autres femmes avions appris très vite à nous méfier de lui. Son autoritarisme et son indifférence à notre cause étaient légendaires. Il devint le lecteur attitré de Sartre et put alors profiter du temps qui lui était alloué pour exercer son influence sur un homme vieillissant. Il semblait détester, sans le connaître, le MLF et cherchait tous les moyens pour le discréditer auprès de son auditeur.

La télévision française proposa à Sartre, en 1975, de présenter sa vision de l'histoire du XXᵉ siècle à travers une série de reportages télévisés. Des groupes de travail furent constitués en ce sens. Simone et Sartre avaient décidé que les féministes auraient droit à une heure entière d'antenne pour raconter l'histoire des femmes de notre siècle. Benny Levy – qui se sentait investi du rôle de coordinateur de ces programmes – arriva inopinément dans l'une de nos réunions pour nous expliquer la procédure à suivre. D'un ton moralisateur, il nous fit la leçon avec l'accent d'un maître d'école s'adressant à des fillettes:

— Dans votre programme télévisé sur les femmes, dit-il en pointant un doigt agressif vers nous, vous ne devez jamais oublier que le dénominateur commun est «la pensée Sartre» et seulement «la pensée Sartre».

Benny Levy semblait avoir oublié un détail essentiel: nous n'avions aucun ordre à recevoir sur ces questions, ayant créé le MLF pour que l'on ne nous impose plus de l'extérieur des schémas préfabriqués. Alors, à l'entendre parler sur un ton sentencieux de «la pensée Sartre» et non de la pensée de Sartre, nous nous souvînmes que les jeunes hommes gauchistes fascinés par la Chine aimaient à dire «la pensée Mao» et non la pensée de Mao. Ce retour au dogmatisme ne nous plaisait guère. Aussi partions-nous dans de grands éclats de rire même lorsque nous étions de son avis. Voyant que nous ne le prenions pas au sérieux, Benny Levy quitta la réunion en claquant la porte et alla aussitôt se plaindre de nous.

Le dimanche suivant avait lieu notre réunion habituelle au 11 bis rue Schoelcher. À notre surprise, l'accueil fut moins chaleureux qu'à l'accoutumée. Simone prit Liliane par le bras et l'emmena discrètement vers la cuisine. Elle lui demanda alors, d'une voix timide: «Pourquoi avez-vous toutes éclaté de rire chaque fois que Benny Levy prononçait le nom de Sartre?» Liliane donna évidemment notre version des faits, ce qui sembla soulager Simone d'un grand poids. Mais nous avions de la peine pour elle. Nous éprouvions toutes un immense respect pour Sartre et ne voulions certainement pas offenser Simone. Benny Levy essayait de nous ridiculiser aux yeux de Sartre, risquant de créer à la fois un conflit entre Simone et nous et entre Simone et Sartre. Sartre étant de plus en plus fragile, nous commencions à nous inquiéter de la capacité de nuisance de ce secrétaire à l'égard de Simone.

Nos doutes à son sujet devaient bientôt se révéler justifiés. Plus le philosophe vieillissait, plus il était vulnérable. Son affection pour son secrétaire était telle qu'il écrivit au président de la République, Valéry Giscard d'Estaing, afin d'obtenir la nationalité française pour celui-ci. La requête fut acceptée. Vers la même époque, Benny Levy se replongea dans les racines de sa religion et consacra beaucoup de son temps à la lecture du Talmud. Sartre avait une certaine connaissance de la religion juive. Il avait lutté contre l'antisémitisme et même écrit un pamphlet sur ce sujet. Mais sa philosophie avait toujours eu pour dénominateur commun l'athéisme. Or, un matin de mars 1980, je découvris, à la vitrine d'un kiosque à journaux, que le numéro du Nouvel Observateur, ce même magazine qui avait publié le «manifeste des 343», était consacré principalement à un dialogue entre Sartre et son secrétaire, intitulé «L'Espoir maintenant». J'achetai aussitôt un exemplaire et lus l'article, debout dans la rue.

Je n'arrivais pas à croire ce que je lisais. J'étais effondrée. Sartre semblait, pour la première fois, donner à sa philosophie un fondement religieux. Le mot *messianisme*, qu'il n'avait jamais utilisé auparavant, revenait souvent. En réponse aux questions pressantes de son interlocuteur, Sartre, qui vouvoyait Simone et ses interlocuteurs, fut tutoyé pour la première fois dans un dialogue, reniant paragraphe après paragraphe plusieurs fondements de sa philosophie. En particulier, Sartre récusait les principes généraux de l'existentialisme comme la notion de liberté individuelle, désavouait son ouvrage philosophique le plus important, *L'Être et le Néant*, pour finalement déclarer que les hommes n'étaient pas aussi indépendants et libres qu'il avait bien voulu le croire. Benny Levy ne venait-il pas de conduire Sartre à jeter aux orties tout ce qui avait fait le sens de son œuvre, et donc de sa vie?

Un homme âgé, fragilisé, tenait des propos qu'apparemment, bien-portant, il n'aurait jamais une seconde envisagés. C'était d'autant plus tragique que peu de personnes en France étaient au courant de l'état de santé de Sartre. Sa réputation était encore intacte et chacun de ses propos pouvait avoir une influence sur l'opinion publique.

Je rentrai chez moi et appelai mes amies, toutes bouleversées. N'était-ce pas une trahison de tout son univers philosophique et de ce à quoi il avait consacré son existence? Bien entendu, nous n'avions rien contre la religion juive. Là n'était pas la question. D'ailleurs, nos amies féministes d'origine juive étaient elles aussi révoltées.

Le lendemain, j'avais rendez-vous avec Simone chez elle. Plus que jamais, j'appréhendais sa réaction. Lorsqu'elle ouvrit la porte, elle portait un de ses chemisiers dont la couleur illuminait son visage et elle me sourit, comme à son habitude. J'entrai dans le studio et m'assis à côté d'elle.

Avant d'aborder les sujets qui justifiaient ma présence, je lui tins ces propos d'une voix presque timide:

— Simone, j'ai lu le dialogue entre Sartre et Benny Levy paru dans *Le Nouvel Observateur*. Nous en avons parlé entre filles du MLF. Nous sommes toutes effondrées.

À la seconde où j'achevais ce commentaire, le visage de Simone, habituellement figé, se crispa. Un instant plus tard, elle pleurait devant moi à chaudes larmes. Je n'avais jamais vu quelqu'un pleurer ainsi. Simone ne pouvait plus s'arrêter, ne pouvait plus parler. Assise à ses côtés, terrorisée, je ne savais comment me comporter. Mon instinct m'incitait à la toucher et à la réconforter, mais nous savions qu'elle n'aimait pas le contact physique. Je me sentis impuissante.

Je ne pouvais pas rester ainsi à ne rien faire. Sans avoir conscience de mon geste, je la pris dans mes bras et parlai très vite:

— Nous vous aimons, Simone, nous vous aimons tant, nous ne voulons pas que vous soyez blessée, nous ferons ce que vous nous direz de faire.

Elle posa sa tête contre mon épaule et ses larmes redoublèrent. Au bout de quelques minutes, elle retrouva sa voix:

— Dites aux filles qu'elles doivent écrire au magazine pour faire part de leur étonnement. C'est tout ce que nous pouvons faire.

Je lui répondis que je trouvais l'attitude de Benny Levy déloyale: extorquer des mots à un homme vieux et malade. Simone s'exclama:

— Mais Claudine, ce n'est rien, nous sommes vivants. Attendez de voir ce que cela sera lorsque nous serons morts!

Hélène me raconta plus tard que Benny Levy s'était arrangé pour que Simone n'ait pas accès aux cassettes des entretiens avant leur publication. Elle me confirma qu'il s'était même rendu en personne chez Jean Daniel de peur que les bandes magnétiques ne fussent interceptées par des amis de Simone. Celui-ci, étonné par le contenu de ces entretiens, accepta finalement de les publier après un appel téléphonique de Sartre lui-même. Je pense *a posteriori* que cet épisode fut l'un des plus douloureux de la vie de Simone.

La santé déclinante de Sartre rendait Simone si malheureuse qu'à notre grand chagrin elle se réfugia dans l'alcool. Elle avait toujours aimé prendre du whisky le soir ou, parfois, au déjeuner, mais deux années avant la disparition de Sartre sa relation à l'alcool était devenue un souci pour nous toutes. Les quelques occasions où je me rendis dans son appartement sur l'heure de midi, elle m'offrit au choix un verre de vodka ou de whisky. Elle ne prit jamais devant moi de café ou de thé. Elle n'avait chez elle que des boissons alcooliques ou des jus de fruits qu'elle ne proposait guère. Dans sa cuisine simple mais bien organisée, les verres, très ordinaires, étaient les objets qui occupaient le plus de place. Ce matin-là, nous avons bu un verre de vodka. Elle ne se rendit même pas compte que je l'avais discrètement diluée avec l'eau du robinet.

Je mesurais à l'alcool qu'elle consommait la souffrance qu'elle vivait chaque jour, chaque heure, à propos de Sartre. Et qu'aurais-je pu dire? Il n'y avait rien à dire. Je pouvais simplement rester auprès d'elle et lui changer les idées pour quelques instants. Ne pas pouvoir aider quelqu'un que l'on aime est particulièrement frustrant.

Le 20 mars 1980, deux semaines avant sa mort, Sartre fut hospitalisé à Broussais, dans le XIVe arrondissement. Simone avait aussitôt appelé Hélène à Goxwiller en lui disant: «Cette fois, c'est la fin.» Hélène débarqua à Paris le lendemain et s'installa chez moi. Elle y resta plus d'un mois, tant des événements dramatiques devaient se succéder. Tout d'abord, les deux sœurs se rendirent fréquemment à l'hôpital. Ces visites étaient entourées de la plus grande discrétion. Discrétion respectée: à la demande expresse de Simone, aucun journaliste ne mentionna dans les médias l'état de santé de Sartre. Hélène me faisait, chaque soir, le récit de la journée:

— Vous savez combien j'aime Simone, mais je suis arrivée depuis des années à me dire que lorsque Sartre mourra, il vaudrait mieux que Simone s'en aille au même moment.

La nuit de sa mort, Hélène et moi attendions dans mon appartement un appel de Simone. Celui-ci ne vint jamais.

Nous nous sommes toutes deux endormies sans même nous déshabiller. Le lendemain matin, j'allumai la radio de très bonne heure. La première phrase entendue me fit frissonner. Un homme, d'une voix pompeuse, disait: «C'était un grand philosophe...» Sans un bruit, Hélène s'était levée et m'avait rejointe:

— Toute ma vie j'ai eu peur d'apprendre la mort de Sartre ou de Simone par la radio. Et aujourd'hui, voilà que cela m'arrive.

Puis elle fondit en larmes dans mes bras. Une demi-heure plus tard, nous marchions vers la rue Schoelcher, où Simone habitait, tout près du cimetière Montparnasse où Sartre allait être enterré. Je tenais Hélène par le bras tandis que nous avancions lentement. C'était déjà un deuil public. Le long de l'avenue du Général Leclerc jusqu'à la place Denfert-Rochereau, les journaux du matin présentaient en première page une photo de Sartre entourée de noir. Cette succession interminable d'images, inévitable entre mon appartement et celui de Simone, accrut le désarroi d'Hélène. Après deux heures d'angoisse, elle finit par joindre Sylvie et rejoignit Simone qui avait trouvé refuge chez Lanzmann. Ainsi ne risquait-elle pas d'être importunée par les journalistes.

Tandis qu'Arlette et Claude Lanzmann organisaient les obsèques, la presse, les radios et les chaînes de télévision consacraient la majeure partie de leurs programmes à Sartre. À présent qu'il était disparu, l'on était prêt à reconnaître qu'il avait été un des grands penseurs de son temps.

Je devais garder de toutes ces journées de deuil un souvenir assez pessimiste du comportement humain. Pendant trois jours, j'entendis et découvris à la télévision des personnes qui n'avaient, pour la plupart, jamais fréquenté Sartre. Certaines d'entre elles lui avaient même été farouchement opposées de son vivant, allant jusqu'à l'insulter par voix de presse, et voilà qu'elles faisaient à présent son éloge nécrologique d'un ton ému. Ce retournement d'attitude n'était-il pas motivé que par leur ambition d'être vues et entendues quelques instants à la télévision?

Quelle ironie de voir Sartre ainsi l'objet d'un culte quasi religieux! Seuls les propos les plus sincères faisaient l'objet d'articles dans la presse écrite. *Le Monde* et *Libération* éditèrent des pages spéciales dans lesquelles apparaissaient clairement le rôle et l'importance de Sartre dans l'évolution de la pensée française depuis 1945.

Pendant ce temps, les vieux amis de Simone, ceux de l'équipe des *Temps modernes* ainsi que Sylvie, Lanzmann et Hélène essayaient de la protéger des regards indiscrets. Je découvris alors, à mon plus grand étonnement, comment certaines personnes réputées et respectées pouvaient mentir avec assurance. L'une d'entre elles déclara à un quotidien à fort tirage qu'elle était auprès de Simone pour la réconforter, alors que je savais par Hélène que Simone lui avait refusé l'entrée de son appartement.

La veille des obsèques, je dus emmener Hélène chez Simone qui avait réintégré la rue Schoelcher. Ayant encore à l'esprit ses larmes lors de la publication du dialogue Sartre-Benny Levy dans *Le Nouvel Observateur*, je me demandais avec appréhension comment elle allait réagir en me voyant. Au fil des années, Simone nous avait laissé clairement entendre qu'elle n'apprécierait pas de notre part un quelconque propos flatteur concernant l'œuvre de Sartre ou la sienne. À ses yeux, si nous étions proches d'eux, c'est que nous respections leur travail. Je décidai donc de ne rien dire de particulier.

Hélène m'ouvrit la porte du studio et je découvris Simone assise sur le divan. Des cernes sous ses yeux indiquaient qu'elle avait beaucoup pleuré, mais son allure était empreinte de la même dignité qu'à l'accoutumée. Pour ne pas s'effondrer avant l'épreuve du lendemain, Simone avait pris un cachet de Valium et une légère dose de whisky. Hélène et moi avons dû prendre un verre d'alcool pour l'accompagner. Nous avons parlé des obsèques d'un ton plus doux et moins vif que d'habitude. Avec son accord, les femmes du MLF marcheraient autour et le long du corbillard, à la place du cordon de police que la mairie de Paris avait proposé et que Simone avait refusé.

Simone ne parla pas de son chagrin, mais des surprises que lui réservait ce deuil, de nombreux appels téléphoniques de personnes – comme certains acteurs de théâtre – qui n'avaient pas vu Sartre depuis 30 ans et qui souhaitaient jouer un rôle actif dans les obsèques. Voulaient-ils, eux aussi, passer à la télévision? Hélène et moi n'avons émis aucun commentaire. Ce n'était ni le lieu ni le moment. Nous regardions Simone: à l'exception du sujet de notre conversation, il n'y avait pas de signe apparent de deuil dans cette maison, sauf peut-être la pile de télégrammes posée sur l'autre divan, entre le masque égyptien et la main droite de Simone.

Lorsque je la quittai, la laissant seule avec Hélène, elle me prit les mains avec chaleur, mais aussi avec calme. Peut-être, me dis-je alors, la santé déclinante de Sartre ces dernières années l'avait-elle préparée à cet instant?

Le lendemain, il y avait foule autour de l'hôpital Broussais. Quelques-unes des femmes du Mouvement et des jeunes, étudiants et lycéens, joignirent leurs mains pour former une chaîne autour du corbillard, imitant un service d'ordre. Je me trouvais escortée par mon amie de toujours, Annick, une blonde aussi petite que moi. Nous étions, toutes deux, avec d'autres femmes à peine plus grandes que nous, censées remplacer la police.

Très vite, il fut évident que nous allions être débordées. La foule grossissait de minute en minute. Les gens du quartier de Montparnasse se mêlaient aux jeunes, aux politiciens, aux acteurs, aux journalistes, aux peintres, aux écrivains, aux scientifiques et aux milliers de citoyens anonymes. Il y avait là trois générations de Français: celles qui avaient connu l'Occupation, la guerre d'Algérie, la guerre du Viêt-nam, Mai 68 et le MLF. Ces hommes et ces femmes restaient fidèles à la déclaration de Sartre dans le premier numéro des *Temps modernes* en 1945 sur le rôle de l'écrivain dans la société:

«L'écrivain est en situation dans son époque; chaque parole a des retentissements, chaque silence aussi... c'est l'avenir de notre époque qui doit faire l'objet de nos soins... C'est ici même et de notre vivant que les procès se gagnent ou se perdent*.»

Aussi les gens présents savaient-ils pour quelle raison ils se trouvaient là. Ils étaient en deuil à la fois de Sartre et de leur jeunesse. La personne la plus éveillée restait Simone. Malgré son chagrin, elle était assise entre Hélène, Sylvie et Arlette dans le corbillard, les yeux mobiles, observant tout. «Il y avait quelque chose de serein dans son regard», me dit plus tard Hélène. Les larmes dans les yeux des unes, la démarche respectueuse des autres portant des fleurs touchaient Simone droit au cœur.

— C'est exactement l'enterrement que Sartre aurait aimé avoir, avait dit Simone à sa petite sœur.

La procession avançait lentement vers le lieu où Simone et Sartre allaient devoir se séparer. Le cimetière Montparnasse leur était à tous deux familier, puisque chacun de leurs appartements avait vue sur ses tombes. D'une certaine manière, Sartre ne faisait, ce jour-là, que traverser la rue.

Aux portes du cimetière, tout bascula. Une foule agressive s'agglutinait sur le chemin du convoi, ne voulant en aucun cas manquer d'être témoin du chagrin de Simone. La horde des photographes m'apprit quelque chose que ni Sartre ni Simone n'avaient eu l'idée de nous enseigner: une photo sordide a pour eux plus de valeur que le respect d'un être humain. Lanzmann essayait de protéger Simone tandis que Sylvie, Hélène et Arlette pouvaient à peine se frayer un chemin jusqu'à la tombe. Les femmes du Mouvement, Annick et moi essayâmes de constituer un groupe autour de Simone pour éviter qu'elle ne fût étouffée. Deux photographes nous attaquèrent, Annick et moi, nous envoyant des coups de poing sur les épaules et dans les côtes afin de nous faire tomber à terre. Ainsi pensaient-ils s'approcher plus près de Simone pour réaliser une photo sensationnelle. Un autre journaliste m'arracha une partie de mes vêtements. Autour de nous, quelques-unes de mes meilleures amies subissaient le même sort. L'ordonnateur des pompes funèbres avait beau

---

* *Les Temps modernes*, n° 1, septembre 1945.

crier: «S'il vous plaît, laissez-nous passer, il y a des personnes âgées», Lanzmann eut peine à conduire Simone jusqu'à la tombe. Finalement, Simone s'effondra sur une chaise devant le cercueil de son compagnon, respirant à peine. Lorsqu'il fut mis en terre, le silence se fit enfin. À côté de moi, tous et toutes pleuraient. Avec mes vêtements déchirés, la peur d'être piétinée et trop de souvenirs mêlés, j'étais une des seules à ne pas pleurer. J'appréhendais trop la sortie du cimetière. D'ailleurs, la foule ne garda que quelques instants cette dignité. Devant la tombe, Simone semblait très mal en point. Les flashes crépitèrent. Lanzmann la prit sous son bras gauche et, de l'autre, donna des coups de poing pour forcer leur chemin vers la sortie. Ce soir-là, à peine remise de son émotion, Simone invita Lanzmann, Hélène et ses vieux amis des *Temps modernes* à dîner à la brasserie *Zeyer*, au carrefour Alésia. Elle fut sur le point de perdre connaissance et Lanzmann dut la prendre dans ses bras. Ce devait être sa dernière sortie pour un long moment.

Prête à repartir pour l'Alsace, Hélène dut changer ses plans. Deux jours après les obsèques, Sylvie et Lanzmann découvrirent Simone chez elle, à terre, inanimée et en si mauvais état qu'ils la firent hospitaliser à Cochin. Chez moi, Hélène était effondrée. Non seulement Sartre était mort, mais sa sœur se trouvait à son tour dans un état critique. J'accompagnai Hélène chaque jour à l'hôpital. Le docteur lui déclara qu'il pensait pouvoir sauver Simone, mais qu'il ne lui prédisait que peu d'années à vivre. Pendant 15 jours, elle fit l'objet d'une cure de désintoxication durant laquelle les visiteurs n'eurent le droit de lui apporter aucune boisson, pas même un jus de fruits.

Et comme si la disparition de Sartre et la maladie de Simone ne suffisaient pas, Hélène rentra un soir chez moi en m'annonçant que la fille adoptive et héritière de Sartre refusait de rendre à Simone ses affaires personnelles qui étaient restées dans l'appartement de Sartre. Là se trouvait en effet une collection rare de livres anciens sur le théâtre français que le père de Simone et d'Hélène avait donnée à sa fille aînée. Simone en avait par la suite fait cadeau à Sartre. Elle les réclama mais, n'ayant aucun droit sur l'héritage de son compagnon, elle ne put les récupérer. Arlette accepta finalement de donner à Simone la chaise sur laquelle elle écrivait chez Sartre et une lampe qui avait appartenu à la famille De Beauvoir.

Peu à peu, Simone reprit des forces et fut enfin autorisée à partir en convalescence. Elle se rendit alors chez Hélène et Lionel à Goxwiller. Ce fut dans cette maison alsacienne qu'elle décida d'écrire ses souvenirs concernant les dernières années de la vie de Sartre. Elle préférait, en effet, raconter les choses telles qu'elles s'étaient déroulées plutôt que de laisser d'autres raconter des inepties sur celui qui l'avait accompagnée pendant 50 ans. Le jour où elle fit part de cette intention à sa sœur, elle dormit dans la bibliothèque où, sur plusieurs étagères, ses œuvres voisinaient celles de Sartre. Cela lui apportait-il un réconfort de les voir ainsi alignés? Hélène me dit que Simone avait eu un sourire lorsque les deux chats abyssins, Tiotka et Pimpernel, indifférents au décor, s'étaient frotté le museau et les moustaches sur les exemplaires dédicacés du *Deuxième Sexe* et de *L'Idiot de la famille*.

Quelle est aujourd'hui l'influence de ces deux écrivains? La question m'est souvent posée. Je souhaite y répondre à titre personnel.

La notion de liberté avait déjà influencé la génération de mes parents, avant même que je sois née. Cependant, malgré leur renommée pendant la guerre et à la Libération, Sartre et Simone ne s'étaient pas engagés dans la Résistance. Leur prise de conscience politique ne datait en effet que de la fin de la guerre. Ce furent l'arrestation puis l'emprisonnement de Sartre qui les sortirent de leur léthargie. Ils n'avaient même pas réagi à la guerre d'Espagne, comme le raconte Simone avec objectivité dans ses *Mémoires*:

«Entre 1929 et 1939, toute la gauche française souffrait de cécité politique [...]. Le Front Populaire a compté pour nous: c'est qu'il était porteur d'espoirs et non de menaces. La guerre d'Espagne m'a émue, mais je ne pensais pas qu'elle me concernât directement. J'ai usé de ma liberté pour méconnaître la vérité du moment que je vivais.

La vérité m'a sauté au visage en 1939: j'ai su que je su-
bissais mais j'ai cessé de consentir à ce qui m'était imposé:
la guerre m'a déchirée, elle m'a séparée de Sartre, coupée
de ma sœur [...] chaque jour, à chaque heure, je mesurais
combien je dépendais des événements*.»

La guerre leur apprit quelque chose qu'ils allaient vouloir
transmettre aux générations futures: le cours de l'histoire
affecte nos histoires personnelles. En 1943, Simone publia
L'Invitée tandis que les pièces de théâtre de Sartre étaient
jouées.

Ce ne fut qu'à partir de 1945 que Sartre et Simone expri-
mèrent le fondement de leur philosophie. L'expression littéraire
à l'origine de l'existentialisme reste la phrase de Dostoïevski: «Si
Dieu n'existait pas, tout serait permis.» Sartre et Simone allaient
rester fidèles à la ligne de conduite énoncée dans *L'Existentialisme est un humanisme*:

«Dostoïevski avait écrit: ‹Si Dieu n'existait pas, tout serait
permis.› C'est là le point de départ de l'existentialisme. En
effet, tout est permis si Dieu n'existe pas [...] il n'y a pas de
déterminisme, l'homme est libre, l'homme est liberté**.»

Dans une France marquée d'un côté par la pensée communiste, de l'autre par celle de l'Église catholique, les propos
de Sartre et de Simone ne pouvaient qu'être jugés inaccep-
tables. Et chacune de leurs déclarations avait un parfum de
scandale.

Mais le plus grand scandale de tous fut la publication du
Deuxième Sexe en 1949. Or, que déclarait cet ouvrage? Tout
simplement que les femmes sont des êtres libres, responsables
et dignes de respect à l'égal des hommes et qu'elles doivent
lutter pour acquérir cette indépendance. Mais peu importe que
les propos aient déplu. Le scandale passé, reste la marque des
mots de Simone dans l'inconscient de milliers de femmes de
par le monde. Ces femmes ont compris qu'elles peuvent
s'accomplir.

---

*   *La Force des choses*, Paris, Gallimard, 1963, p. 374 et 375.

**   *L'Existentialisme est un humanisme*, Paris, Gallimard, 1958, p. 305.

Sartre a-t-il exercé une influence aussi marquante sur des êtres humains? Il semblerait que celle-ci ait porté principalement sur l'évolution des mentalités dans certains milieux artistiques et intellectuels. Sinon, ses soutiens les plus concrets et les plus visibles demeurent dans le cadre de l'indépendance de l'Algérie et sa participation à la création d'un quotidien populaire de gauche, *Libération*.

Simone, qui a également joué un rôle non négligeable pendant la guerre d'Algérie, se trouva engagée dans une cause dont les repercussions dépassèrent tout ce qu'elle pouvait imaginer. La publication du *Deuxième Sexe*, traduit dans une quarantaine de langues, lui a permis de bouleverser la vie de milliers de femmes.

Nul n'étant prophète en son pays, il faut aller à l'étranger pour mesurer l'impact réel de l'œuvre de Simone de Beauvoir. Il est particulièrement éloquent de constater que ses écrits sont beaucoup plus diffusés et lus aux États-Unis qu'en France.

Enfin, à partir de 1970, l'œuvre de Simone connut une traduction politique et législative qui a changé concrètement les lois et les textes régissant le statut des femmes en France. On peut dire, à cet égard, que son impact sur la vie quotidienne des Français et des Françaises a été plus fort et plus concret que celui de n'importe quel autre penseur français du XXe siècle, y compris Sartre.

Le monde étranger ne s'y est pas trompé et reconnaît plus volontiers que nous l'influence de Simone de Beauvoir sur les mœurs contemporaines de la France.

Chapitre V

La dernière promenade

Le 18 février 1986 fut inaugurée au ministère des Droits des femmes une exposition consacrée à l'œuvre d'Hélène de Beauvoir. Pour la première fois depuis 10 ans, des femmes qui avaient participé de près ou de loin à la vie de Simone se trouvaient autour d'elle.

Heureuses de nous retrouver entre vieilles connaissances, nous bavardions avec animation lorsque dans la salle le silence se fit. Simone avançait à petits pas, soutenue par sa sœur. Les femmes se mirent à applaudir à tout rompre. Depuis la disparition de Sartre, six années étaient passées. Je me souvenais encore d'Hélène revenant en larmes de l'hôpital, alors que le médecin venait de lui prédire que Simone ne pourrait pas survivre plus de quatre ans à Sartre. Et pourtant, elle avait vécu plus longtemps que prévu et retrouvait ces femmes qui avaient partagé ses luttes, ses joies et ses chagrins.

Il était loin le temps où je venais avec les filles du MLF m'asseoir dans ses fauteuils et refaire le monde. Épuisée par des années de manque de sommeil – le jour je militais, la nuit j'étudiais –, j'avais eu besoin de souffler. Depuis, 11 années s'étaient écoulées.

Simone ne m'en a pas voulu. Elle savait bien que je continuerais d'être féministe. Elle m'accueillait, toutes ces années, avec chaleur et continua d'occuper une place à part dans ma vie.

Sans s'en douter, elle a soutenu moralement mon entrée dans le monde du travail. En 1975, je sortis du MLF et m'installai dans la vie professionnelle. Pigiste dans un grand quotidien, mon premier article fut consacré à l'image des femmes dans le cinéma français. Comme un clin d'œil, je glissai une citation de Simone sur Brigitte Bardot: «Les fautes morales peuvent être corrigées, mais comment B.B. pouvait-elle être

guérie de cette éblouissante vertu: l'authenticité?» Elle acheta le
journal et me lut. Je tremblais de connaître son avis. Le verdict
tomba:

— C'est bien, continuez.

— Merci de votre gentillesse! lui dis-je, émue.

— Mais je ne suis pas gentille! me répondit-elle avec vivacité.

J'appris par Hélène qu'elle était fière de mes articles. Elle
ne me le fit jamais savoir.

Son regard me fut aussi d'un grand secours dans un domaine inattendu, l'habillement. Après cinq ans de blue-jeans,
tee-shirts et baskets, je passai à des tenues plus classiques, indis-
pensables pour s'insérer dans le monde du travail international.

— Il faut que tu t'achètes un tailleur et des chaussures con-
venables, me dit Liliane qui s'habillait en pantalons.

Je la regardai, horrifiée. Je n'étais pas sûre d'en avoir la force.
Moi, redevenir une bourgeoise comme la jeune fille de bonne
famille que j'avais été?

— Allez, on y va! me dit-elle avec douceur, et elle m'en-
traîna dans une boutique de Saint-Germain-des-Prés.

Je crus mourir de honte, et la vendeuse mourir de rire.
Quelques jours plus tard, maquillée et élégante, j'arrivai chez
Simone. Je rougis comme une petite fille lorsqu'elle ouvrit la
porte. Elle eut un mouvement de recul, puis s'exclama:

— Vous êtes superbe! Ce tailleur vous va très bien!

Ah bon? La femme la plus féministe de la Terre me donnait
son approbation? Je jetai un coup d'œil autour de moi. Il y
avait, suspendues au mur, de vieilles photos jaunies de Simone
jeune femme, vêtue de robes et de tailleurs élégants, parée de
bijoux magnifiques. Elle n'avait pas porté que ces pantalons
que je lui connaissais trop bien. À compter de ce jour, mes
tenues changèrent et Simone ne m'en parla plus. Son regard
amusé approuvait. Je sentais qu'à ses yeux j'étais enfin devenue
femme.

Et femme, en effet, je l'étais. Ma peur des hommes, ma
peur de l'amour, ma peur de souffrir, rien de tout cela n'avait
résisté à ma rencontre d'un homme jeune et charmant, drôle et

gentil qui n'avait *a priori* pas du tout envie de me faire pleurer. Je parlai de cette relation très peu à Simone, beaucoup à Hélène. Cela me semblait plus aisé. Des deux sœurs, la cadette avait l'air plus heureuse que l'aînée. Je n'osai avouer à Simone qu'enfin j'avais trouvé un équilibre sentimental. Elle ne l'apprit qu'indirectement, par sa petite sœur. L'amour ne fut jamais un sujet de conversation entre Simone et moi.

L'un des sujets qui nous lièrent jusqu'à sa mort touchait mes activités professionnelles. Du journalisme, je passai rapidement à une carrière dans l'international. Je retrouvai ainsi le plus grand bonheur de mon enfance: voyager, rencontrer des êtres dont la différence m'enrichissait. De cette manière, je rejoignais l'objectif de ma jeunesse: avoir une vie passionnante, comme celle de Simone de Beauvoir. Chaque voyage accompli, j'allais lui raconter mes aventures. Elle m'accueillait alors, souriante et attentive. Je lui décrivais avec passion la vie économique, culturelle et politique du pays dont je revenais. J'espérais, pour une fois, lui apprendre quelque chose. Elle m'écoutait attentivement, puis prenait la parole. Elle argumentait, complétait, critiquait mon analyse et, à la fin de l'entretien, je comprenais, une fois encore, que Simone en savait plus que moi sur la plupart des pays de la planète. «Je resterai toujours son élève!» me disais-je alors en sortant de chez elle, un peu déçue. En réalité, j'étais heureuse. Cette vie passionnante, cette envie de connaître les autres, ne les avais-je pas découvertes à travers ses *Mémoires*? N'étais-je pas l'une des preuves vivantes de sa réussite d'écrivain? Et Simone me disait toujours avant que je reparte:

— Continuez, Claudine! J'espère bientôt recevoir une carte postale!

Un voyage l'intrigua, celui qui m'amena à rencontrer l'écrivain Henry Miller en Californie. Alors âgé de 84 ans, l'auteur de *Sexus*, *Plexus* et *Jours tranquilles à Clichy* s'était retiré à Los Angeles, dans la banlieue élégante de Pacific Palisades. Simone n'avait pas une grande sympathie pour lui. Il présentait à ses yeux plusieurs défauts rédhibitoires: son amitié pour l'écrivain américaine Anaïs Nin que Simone trouvait d'un égocentrisme excessif, d'une prétention ridicule et dont elle jugeait sévèrement l'œuvre; son comportement parfois désobligeant à l'égard des femmes qu'il avait aimées, ainsi que ses propos sur la sexualité dans ses ouvrages. Enfin, Simone avait, comme moi, entendu dire qu'Henry Miller vivait entouré de femmes à moitié dénudées et qu'un entretien avec lui pouvait dégénérer.

Aussi lorsqu'une ravissante femme ouvrit la porte de sa maison californienne, je n'en menais pas large. Habillée légèrement des épaules aux genoux, elle n'était cependant pas nue. Derrière elle se tenait, appuyé sur des béquilles, un petit homme malingre. Malgré un œil qui pleurait, son regard était vif. Il plissa les yeux, m'observa quelques instants et sourit enfin.

— Soyez la bienvenue! me dit-il en marchant à petits pas. Venez, nous serons mieux dans ma chambre pour bavarder.

Sa chambre? On m'avait prévenue qu'il risquait de m'y enfermer. «Tant pis, je me défendrai s'il le faut», me dis-je en moi-même. Comme s'il avait lu dans mes pensées, il ajouta:

— Rassurez-vous, vous ne risquez rien! Je suis un vieux, un très vieux monsieur maintenant!

Et il éclata de rire tandis que ses yeux pétillaient d'intelligence.

De fait, il ne me faisait plus peur. D'abord, il était de ma taille. Il respirait une joie de vivre communicative. Nous entrâmes dans sa chambre, rose saumon, où trônait un grand lit.

— Où voulez-vous vous asseoir? Sur le lit ou dans mon fauteuil roulant?

J'hésitai quelques secondes. Je n'avais plus peur, mais je restais prudente:

— Dans votre fauteuil roulant.

— Vous avez toujours peur que je m'approche de vous?

— Mais pas du tout!

— Allez, prenez le fauteuil, vous y serez bien!

Je devais être tout de même un peu émue, car je manquai de glisser en m'y asseyant.

Aussitôt installé, Henri Miller se mit à parler à vive allure tandis que ses mains souples se déployaient dans l'air. Parfois, pour exprimer l'idée du moment, l'autre langue, le français, lui venait aux lèvres:

— Vous qui êtes féministe et qui connaissez Simone de Beauvoir, vous devez me trouver un peu macho. Mais vous savez, pour les Américains, à cause de leur prétendue libération sexuelle, je suis un peu, comme on dit en français, passé.

Il rit et ses yeux se mirent à pleurer. Puis, il se leva péniblement du lit, me montra une affiche représentant une femme asiatique nue, tatouée le long du dos. Caressant la courbe du tatouage, il murmura:

— Ce pays ne perdra jamais son puritanisme.

Mais alors, que pensait-il du Mouvement de libération des femmes? Sa voix se fit forte:

— Elles devraient me considérer comme leur allié.

Silence.

— Mais si, je vous assure, les hommes ne font que détruire ce que les femmes ont construit. Dans un avenir proche, elles devront nous libérer. Surtout, ne faites jamais ce que les hommes ont fait!

Pourtant, il ne ménagea guère les Américaines, selon lui «sans culture, sans éducation, dénuées de personnalité».

— Quant aux hommes de mon pays, ce sont des robots mécanisés qui ne vous regardent jamais dans les yeux.

Ses préoccupations le tournaient à présent, certes toujours vers les femmes, mais surtout vers Dieu, une force obscure qui ne nuisait plus à ses intérêts littéraires.

J'observai sur les murs des portraits de femmes, dont certains de sa main. Comme il ne pouvait plus peindre à cause de sa vue, il continuait d'écrire, le corps en émoi, courbé sur sa table. Il ne cessait d'écrire sur une autre femme de sa vie, sa mère, depuis qu'il avait une nuit rêvé sa propre mort. À présent, il parlait avec elle pendant son sommeil et retranscrivait leurs propos au petit matin.

— Quel soulagement, cette réconciliation!

Il éclata de rire et ajouta:

— Vous devez me croire gâteux!

Malgré ses 84 ans, la vitalité du petit homme n'avait pas baissé depuis le début de l'entretien.

Lorsque, plus tard dans la soirée, je ressortis saine et sauve de sa chambre, il m'accompagna à petits pas jusqu'à l'entrée.

— Vous me donnerez bien un petit baiser? me lança-t-il avec un sourire auquel je ne pus résister. Je lui offris un prude baiser sur les deux joues. Son visage s'éclaira et il conclut:

— Dites à Simone de Beauvoir et à vos amies que je ne suis pas aussi épouvantable que cela.

Je transmis le message à Simone qui fit la moue. Je sentis que, quoi que j'allais dire, son jugement était irréversible. En revanche, à elle qui d'habitude en avait si peur, je ne racontai pas l'anecdote du baiser.

Aujourd'hui que je continue de voyager, je sais que, grâce à elle, je me sens forte et que déjà j'ai réussi ma vie. Je n'ai jamais eu le courage de le lui dire en face. À plusieurs reprises, j'ai voulu lui exprimer ma reconnaissance. Chaque fois, les larmes me sont venues devant elle, au milieu d'une phrase. Simone faisait semblant de ne pas les voir. Ce fut peut-être mieux ainsi.

Revenons au 18 février 1986. Après avoir regardé l'exposition en compagnie d'Yvette Roudy, alors ministre du Droit des femmes, Simone dut s'asseoir. Comme toujours, elle portait une blouse en soie de couleur vive, un pantalon élégant et l'inévitable bandeau autour de la tête, de la même couleur que son chemisier. C'est ainsi que je la vois encore et toujours. Pendant 16 ans, je ne l'ai pas aperçue une seule fois en jupe ou en robe. Pourtant, un matin, sonnant de bonne heure à sa porte, j'eus la surprise de la découvrir sans turban. Elle n'avait pas eu le temps de se coiffer. Ses longs cheveux poivre et sel, tombant sur ses épaules, étaient très rares. Simone souffrait-elle d'une légère calvitie? Je me sentis gênée de la surprendre ainsi dans son intimité.

Durant l'exposition, Hélène vint s'asseoir aux côtés de son aînée. Tandis que nous bavardions les unes et les autres, échangions souvenirs et rires, le poids du passé s'abattit sur moi. Durant toutes ces années, Simone, par son dévouement à la cause commune des femmes, nous avait, sans probablement le savoir, donné des moments de bonheur. Je regardai les deux sœurs fixement et songeai que, jusqu'à ce jour de février 1986, jamais Simone et Hélène ne m'avaient causé de chagrin.

Ce fut la dernière fois que j'aperçus Simone vivante.

Quelques jours avant sa mort, ce fut ma mère qui eut le privilège de la rencontrer, pour la première fois, 36 ans après avoir lu *Le Deuxième Sexe*. Elle me raconta cet événement par hasard, au cours d'un dîner:

— J'ai vu l'autre soir Simone de Beauvoir à l'Opéra. Elle était en compagnie de Sylvie le Bon. Toutes deux se trouvaient dans une loge près de la mienne.

J'arrêtai de manger et repris mon souffle.

— Es-tu allée la saluer?

Sa voix se fit douce:

— Non, je n'ai pas osé... J'aurais pourtant voulu la remercier...

— La remercier?...

— Oui, la remercier pour tout ce qu'elle a fait pour toi.

Ainsi, ces deux femmes qui m'ont aidée à me construire, qui m'ont insufflé leur force, auraient pu se parler! J'imaginais alors ma mère, seule dans une loge de l'Opéra, sans son père disparu il y a si longtemps et qui l'emmenait jadis dans cet endroit alors qu'elle n'était encore qu'une jeune fille. Je la voyais quitter lentement son fauteuil, se rapprocher de Simone, se présenter. Ma mère aurait tendu sa main valide tandis que, d'un geste maintes fois répété, elle aurait reculé l'autre. Elles se seraient observées, sous le regard protecteur de Sylvie, elle-même ancienne élève de cette École normale supérieure de jeunes filles que dirigeait ma mère à cette époque.

Cette rencontre n'eut jamais lieu.

Mais en aurais-je été heureuse? Émue, certainement. Elles m'étaient toutes deux si proches, chacune dans des jardins différents de mon cœur.

Ma mère devait tant à Simone, femme de lettres, qui elle-même ne cachait pas son respect et son admiration pour les chercheurs scientifiques. Dans *La Femme rompue*, l'un des personnages principaux de ce recueil de nouvelles est un savant. Ma mère, plus modestement certes que Simone, a aussi aidé de nombreuses jeunes filles à devenir des femmes libres et à se tailler une situation à la hauteur de leurs rêves. Combien de jeunes normaliennes occupent aujourd'hui des postes de responsabilité dans les plus hauts échelons de l'administration française et même dans le privé? Sans relâche, et pendant des années, ma mère s'est battue pour qu'elles aient, comme les hommes, les mêmes chances.

Le dialogue entre ces deux femmes m'aurait trop bouleversée. Ce n'est pas non plus un hasard si je n'ai jamais organisé une telle rencontre.

Quelques jours après cette soirée à l'Opéra, et peu de temps avant sa mort, Simone dut être hospitalisée à Cochin. Hélène, qui s'était installée chez moi, envisageait d'annuler son voyage aux États-Unis où elle comptait participer à une exposition de ses toiles à San Francisco. Peu avant de tomber malade, Simone avait annoncé à Hélène son intention de lui offrir son billet d'avion. Aussi, dès qu'elle vit sa petite sœur de 76 ans entrer dans sa chambre d'hôpital, lui demanda-t-elle de son lit:

— Qu'en est-il de ton billet d'avion?

— Ne t'inquiète pas de cela aujourd'hui, nous en reparlerons lorsque tu te sentiras mieux, répondit Hélène, qui changea aussitôt de sujet de conversation et fondit en larmes dès qu'elle fut seule.

Quelques jours plus tard, les médecins rassurèrent Hélène, déclarant l'état de Simone stationnaire. Avec l'accord de sa sœur, Hélène s'envola pour la Californie. Entre Paris et San Francisco, nous nous appelions tous les jours afin de nous rassurer l'une l'autre. Un soir, alors que je rentrais d'une longue journée de travail, le téléphone sonna. Franck Thomas, un vieil ami d'Hélène, la voix brisée, me demanda si j'avais entendu à la radio la nouvelle. Non, je ne l'avais pas entendue.

Sylvie appela Hélène pour lui apprendre que tout était fini. Je lui parlai à mon tour quelques instants plus tard.

— Je sais, me dit-elle au téléphone avant même que je n'eusse dit un mot. Cette fois, je ne l'aurai pas appris par la radio.

Hélène eut peu de temps pour pleurer, juste celui de changer son billet d'avion et de s'envoler pour Paris.

Tandis qu'elle rejoignait seule la France, à la nuit tombée, je dus répondre aux messages téléphoniques de sympathie. *Le Monde* m'avait demandé, pour le lendemain matin sept heures, deux articles, l'un sur Simone, l'autre sur Hélène. «Je n'y arriverai jamais!» me dis-je après avoir rédigé trois phrases. Je frissonnais. Comment écrire un texte, où l'émotion doit peu transparaître, sur un être que l'on a connu et aimé et qui vient juste de vous quitter? Comment? Plusieurs fois, je faillis abandonner. Annick, l'amie fidèle des bons et des mauvais jours, traversa Paris et décida de rester à mes côtés jusqu'au matin. Elle nous prépara du café, me rappelant qu'Hélène souhaitait que les articles sur Simone dans la presse soient écrits par des êtres qui l'avaient aimée. Pour que soit clairement dit ce qu'elle avait apporté aux femmes.

Contrairement à ce qui se produisit lors de la mort de Sartre, j'écoutai peu les commentaires à la radio et à la télévision françaises. Bien m'en prit. Ceux que j'entendis s'exprimaient comme s'il s'était agi de la mort d'un quelconque écrivain. En outre, certains journalistes hommes ne manquèrent pas de remarquer qu'elle avait fait partie de ce MLF, sur un ton qui rappelait bien l'agressivité des années 70 à l'égard de la cause des femmes et leur manière systématique de tourner en ridicule nos revendications. Je mesurai alors combien de nombreux hommes français n'avaient pas supporté le contenu du *Deuxième Sexe*. Je me demandai même si certains d'entre eux ne l'avaient pas vécu comme une offense personnelle. Il n'y eut en effet pas le même concert d'éloges hypocrites qu'à la mort de Sartre. Les voix s'exprimaient avec plus de froideur et de retenue. Ces mêmes hommes ne lui avaient donc pas encore pardonné?

L'après-midi de ce même jour, assise à mon bureau, je songeai soudain que, en Europe, il n'y avait plus une seule femme suffisamment réputée, admirée, respectée et en même temps féministe pour prendre la parole et défendre courageusement la cause des femmes. «Non seulement nous sommes privées de Simone, me dis-je, mais plus encore, nous sommes privées de porte-parole. Personne, désormais, ne parlera plus pour nous, femmes, avec vigueur et fermeté, comme elle le faisait. Nous n'avons pas fini de nous sentir seules et de ressentir, chaque jour, sa perte.»

Quelques heures plus tard, l'avion d'Hélène atterrit à Paris. Lionel et moi attendions Hélène, à son retour des États-Unis, tous deux très tendus. Dès qu'elle nous aperçut, elle fondit en larmes et balbutia:

— C'est la première fois que je suis dans Paris sans Simone!

Sans Simone. C'était bien cela. Hélène et elle n'étaient-elles pas nées, à quelques centaines de mètres de chez moi, boulevard Raspail, au-dessus des cafés où peintres et écrivains se retrouvaient depuis les années 20? Paris restait à Hélène, malgré ses nombreux séjours à l'étranger, sa ville préférée, sa ville mère.

Ce séjour à Paris était d'autant plus douloureux pour elle que, pour la première fois depuis 15 ans, elle ne pouvait pas descendre dans mon appartement, où elle avait pourtant ses habitudes. Celui-ci, de dimension modeste, ne pouvait accueillir qu'un seul invité. Elle choisit d'habiter avec Lionel dans un petit hôtel situé non loin, rue d'Alésia.

Nous passâmes la soirée ensemble, Hélène allongée sur le lit, Lionel et moi autour d'elle. À nous aussi, Paris sembla vide et mon quartier, que j'aimais tant, privé de son âme. En cinq ans, Sartre, Simone, Jean Genet, mort une nuit après Simone, étaient partis. Le Paris de l'après-guerre, où écrivains et peintres se retrouvaient tous les soirs dans les cafés, disparaissait. Paris allait-il devenir une ville anonyme?

Les jours suivants passèrent très vite et Hélène eut peu le temps de penser. Même si la presse consacrait des articles moins volumineux sur Simone qu'elle ne l'avait fait pour Sartre, de l'étranger, par contre, les appels ne cessaient d'affluer. Mon téléphone sonnait sans discontinuer. Des femmes d'Afrique, d'Asie et même d'Australie et de Nouvelle-Zélande souhaitaient connaître l'adresse de l'hôpital où reposait le corps de Simone et envoyer des fleurs à son enterrement. Dans le tumulte de ces journées, Hélène et Lionel quittèrent l'hôtel, ayant accepté l'invitation de Rose-Marie Janpolsky, la fille d'une amie de leurs années d'après-guerre à Vienne, et s'installèrent chez elle rue Gay-Lussac, tout près du jardin du Luxembourg.

La journée des obsèques de Simone, le samedi 19 avril 1986, est restée gravée dans ma mémoire, heure par heure. En voici les détails.

14 heures. Le corps de Simone reposait à l'hôpital Cochin, rue Saint-Jacques. Hélène et moi arrivâmes ensemble à l'hôpital. Dans la foule dense des journalistes et des femmes présentes, il fut difficile de se frayer un passage. La police, pour sa part, contrôlait tout le monde discrètement, d'un air distant. Nous avions enfin pu pénétrer dans l'hôpital et, après avoir tourné dans le couloir sur notre gauche, nous sommes arrivées dans une petite pièce toute sombre. Devant deux immenses gerbes de fleurs – l'une des éditions Gallimard, l'autre du quotidien *Libération* –, reposait le cercueil. Il était ouvert. Soudain petite, presque minuscule, y gisait une grande femme. Hélène pleurait à chaudes larmes et je me mis à trembler. L'histoire de ma famille, celle de ma mère en particulier, ainsi que ma propre histoire, n'avait-elle pas été influencée par son combat? Simone avait été présente chaque jour depuis ma naissance. Jamais je n'aurais pu imaginer que sa mort m'apprendrait, une fois encore, quelque chose. Sa dépouille était le premier cadavre qu'il me fut donné de voir.

Mon enfance et mon adolescence avaient été jalonnées de joies, mais aussi de deuils. Deuil de mon grand-père maternel, celui-là même qui guida les premiers pas de ma mère vers l'École normale supérieure et qui m'apprit à marcher dans le rire et la bonne humeur; deuil d'une grand-tante, qui m'enseigna les deux merveilles de son métier d'institutrice: lire, écrire; deuil enfin de celui que je chérissais comme un grand frère, mon cousin germain Antoine, disparu tragiquement pendant une manœuvre de l'armée française l'année de ses 20 ans. Fils préféré de toute la famille, enfant né pendant la guerre, souriant, drôle et surtout aimant – lorsqu'il partit, le crâne brisé par la culasse du canon du char qu'il conduisait, mon enfance prit fin. J'avais 12 ans et je crus ne jamais m'en remettre.

De ces trois disparitions, en particulier celle de mon cousin germain, mes parents souhaitèrent me protéger en ne me laissant pas participer aux obsèques. Tandis que la famille entière pleurait Antoine, je ne fus pas autorisée à lui dire adieu. Comment, dans ces conditions, aurais-je pu accomplir le nécessaire travail du deuil? Pour Antoine, il me fallut presque 20 ans. Aujourd'hui encore, il m'arrive de m'immobiliser dans la rue, les larmes aux yeux, et de me dire: «S'il était là, qu'en penserait-il?» Mais la mort d'Antoine m'apprit une chose. Dorénavant, personne ne m'empêcherait de dire adieu à celles et à ceux que j'aime. Je savais donc précisément pourquoi je me trouvais avec Hélène devant le corps de Simone.

Hélène avait l'air désespéré. Je l'entourai de mes bras:

— Elle a été si bonne pour moi pendant 76 ans!

Si bonne: c'est exactement ce qu'elle avait été pour tant d'entre nous, sans même le savoir. Mais en ce samedi après-midi d'avril, sous le ciel bleu pâle cher aux Parisiens, nombreuses et nombreux étaient ceux qui avaient tenu à lui témoigner leur reconnaissance. Dans la cour de l'hôpital, une heure avant les obsèques, les bouquets continuaient d'arriver. Des fleurs, roses rouges, arrangements floraux envoyés par des femmes du Japon, du Mexique, de Californie, d'Arizona, du Danemark, de villes d'Australie, des États-Unis, du Canada, d'Allemagne, de Grande-Bretagne, d'Italie. Des fleurs, encore des fleurs, tandis que nous restions immobiles, prostrées devant le cercueil.

C'était un choc de découvrir Simone inanimée, elle qui avait été si vivante. Ses yeux étaient clos, ces beaux yeux bleus qui nous fixaient, intenses. Elle était habillée, comme de coutume, d'un bandeau, d'une blouse de soie élégante et d'un pantalon. Au majeur de sa main gauche, elle portait une grosse bague mexicaine que son amant de jadis, Nelson Algren, qui lui inspira le personnage de Lewis dans *Les Mandarins*, lui avait offerte. Durant 16 années, je ne vis jamais Simone sans cette bague. Je me disais, au fond de moi, que malgré la méchanceté d'Algren à son égard, malgré ses trahisons après leur rupture, ses déclarations haineuses dans *Playboy*, la vente aux enchères des lettres d'amour que Simone lui avait adressées, malgré tout cela, elle avait vraiment dû aimer cet homme. Aussi l'accompagnerait-il dans sa tombe. Au bras gauche, elle avait sa montre, fine et décorée de fleurs, emportant ainsi avec elle le temps. La montre et la bague ne représentaient-elles pas les plus importants symboles de sa vie – l'amour et le temps?

Debout et en larmes, avec ses beaux cheveux noirs, Sylvie frissonnait de désespoir. Pendant presque 20 ans, elle avait été l'amie la plus proche de Simone, sa compagne. Ce professeur agrégé de philosophie avait ainsi consacré 20 ans exclusivement à Simone, au point de s'agacer lorsque Hélène souhaitait voir, de temps à autre, sa sœur tant aimée.

Aux côtés de Sylvie et face au cercueil, un homme pleurait sans discontinuer. L'auteur de *Shoah*, Claude Lanzmann, ancien compagnon de Simone, de 17 ans son cadet, était tombé amoureux d'elle lorsqu'elle approchait la cinquantaine, un âge que Simone décrit comme difficile pour les femmes, ce que tant d'entre nous savons. Lanzmann fut le seul homme à venir habiter chez elle, ce que même Sartre n'a jamais fait. Ils vécurent cinq années passionnantes, voyageant à travers le monde, avec, comme le précise Simone dans ses *Mémoires*, l'accord de Sartre. Lorsque Lanzmann tomba amoureux d'une autre femme, il resta cependant l'un des amis les plus proches de Simone. En ce jour de deuil, je mesurai, à le voir pleurer, combien il l'avait aimée de tout son cœur. Lui aussi avait pu sembler possessif à son égard mais, en ce moment d'émotion, il s'avança vers Hélène et la prit dans ses bras.

Quelques hommes politiques vinrent rendre un dernier hommage. Ils ne prononcèrent pas un mot. Le milieu politique n'avait jamais fait partie du monde de Simone. D'autres amis arrivèrent du monde entier. À travers une petite fenêtre, nous pouvions deviner que la foule des journalistes et des femmes devenait de plus en plus dense. L'ordonnateur des pompes funèbres, le même qu'à la mort de Sartre, suggéra qu'il était temps de se mettre en route. Ses employés fermèrent le cercueil. Hélène, Sylvie et Lanzmann, inconsolables, voulaient regarder Simone une dernière fois. La dernière. Mais il était temps de partir.

14 h 45: En quittant la pièce sombre, la lumière du dehors nous aveugla. Caméras, flashes, reporters, tout s'agitait autour de nous. La police, assistée de quelques-unes des femmes du MLF, nous aida à franchir la foule. Dans la cour, nous étions à présent entourés par des femmes portant des gerbes de fleurs. Il y en avait tant qu'il aurait été impossible de les compter et il fallut des voitures supplémentaires pour n'en emporter finalement qu'une partie. Lanzmann, Sylvie et d'autres amis de Simone décidèrent de marcher derrière le corbillard. Lionel, dont la santé déclinait déjà, rentra chez Rose-Marie. Hélène, qui s'accrochait à mon bras, me demanda, ainsi qu'à deux de ses cousines de Mérignac, de me joindre à elle dans le corbillard. Je m'assis à l'avant, près du chauffeur. Hélène, ses deux cousines et Gégé Pardo, une amie de jeunesse des deux sœurs, prirent place à l'arrière. La voiture commença de rouler doucement. À la sortie de l'hôpital, il y eut un nouveau choc. Une véritable marée humaine nous attendait, accompagnée d'autres bouquets de fleurs, avec encore des femmes, des hommes, des enfants. Le corbillard prit la rue Saint-Jacques à très faible allure. La foule marchait paisiblement à côté de nous, comme si tous nous entreprenions une promenade sur la rive gauche de Paris. Et de fait, cet enterrement devint une promenade, la dernière de Simone dans ses rues préférées. Le corbillard, suivi par des milliers de personnes, déboucha sur le boulevard Montparnasse, où se trouvaient ses cafés favoris, ceux qui avaient jalonné ses jours, *La Closerie des Lilas*, *Le Dôme*, *La Rotonde* au-dessus duquel elle était née, et enfin *La Coupole*.

La foule semblait moins tendue que durant les obsèques de Sartre. En ce 19 avril 1986, les gens se parlaient, descendant le boulevard Montparnasse dans un calme désordre. Beaucoup se connaissaient depuis les années 60, s'étaient perdus de vue, se retrouvaient. Ils avaient vieilli, et s'en rendaient compte en cet instant. Certains avaient déjà des cheveux grisonnants. Ces hommes, ces femmes, ces dirigeants politiques, ces réalisateurs de cinéma, ces acteurs, ces écrivains, tous savaient qu'ils enterraient le dernier témoin de leur jeunesse. Les enfants présents imaginaient-ils la raison pour laquelle ils se trouvaient là? Cela semblait, de toute façon, sans importance. La foule continuait de grossir, enveloppant de sa présence nonchalante le corbillard. Une famille, qui bavardait tranquillement devant nous, remarqua soudain que le ballon de leur jeune fils avait glissé sous notre voiture. Bien que nous avancions de plus en plus lentement, il fallut arrêter le convoi. Je descendis et ramassai le ballon. Le petit garçon et ses parents me sourirent, comme si nous étions dans un jardin public, et les obsèques continuèrent.

Le corbillard passa ensuite devant l'immeuble où Hélène et Simone avaient vécu leur enfance. Hélène et ses cousines le regardèrent en silence. De l'autre côté du boulevard, on apercevait la brasserie préférée de Sartre et de Simone, *La Coupole*. Pendant une quarantaine d'années, ils y avaient déjeuné, presque chaque jour. Quelques minutes avant 14 heures, lorsque les Parisiens commandent les desserts et le café, Simone pénétrait dans cette immense salle suivie par Sartre, se frayant un chemin entre les serveurs, les tables animées par des conversations vives, pour arriver enfin au fond de la salle, près des cuisines, où était déjà dressée leur table préférée. Ils s'asseyaient alors côte à côte sur la banquette de cuir et regardaient tranquillement la salle vibrer à son rythme, sans être importunés. Le propriétaire de *La Coupole*, un vieux monsieur charmant secondé par ses fils, marchait d'un pas droit des heures durant à travers les rangées de tables, ne laissait jamais quiconque s'installer à la table d'à côté. Et alors que Sartre et Simone se mettaient à déguster la vieille cuisine française de province qu'ils aimaient tant, certains clients commençaient de se lever, d'autres s'attardaient encore, et le spectacle continuait sous leurs yeux.

Ce jour-là, les serveurs de *La Coupole* étaient sortis sur le trottoir et se tenaient, figés, comme au garde-à-vous, très dignes dans leur tenue de travail tandis que le cortège passait devant la brasserie.

Assise au fond du corbillard, Hélène racontait des histoires de leur jeunesse, lorsque Sartre, Simone et elle sortaient dans le quartier. Chaque rue, chaque café avait son anecdote. Mais cette mémoire n'avait pas été partagée par les cousines de province. Madeleine de Bischop, la plus âgée, s'adressait à Hélène:

— Tu souviens-tu, à Mérignac, l'été, lorsque nous étions petites filles, combien Simone adorait cette confiture?...

Je n'osais pas tourner la tête vers elles. Je n'avais pas ma place dans le monde préservé de leur jeunesse. Le chauffeur et moi échangeâmes un regard complice. Soulagée d'apercevoir Hélène sourire, je compris mieux encore pourquoi Simone l'avait tant aimée. Hélène avait gardé, au fil des années, la fraîcheur et la spontanéité de sa jeunesse. Et ce jour-là, à 76 ans, elle était tout simplement belle.

Pendant ce temps, deux jeunes hommes, vêtus de noir, s'étaient approchés de ma vitre. Nous les avions remarqués depuis le début de la procession. Ils marchaient lentement, tenant chacun à la main, très droits, une rose rouge. Leur pâleur était extrême, à l'image de leur attitude solennelle qui contrastait avec celle des autres gens. Lorsqu'ils se rendirent compte qu'Hélène et moi les avions remarqués, ils s'approchèrent de la vitre et engagèrent la conversation.

Comme ils étaient étudiants, Hélène souhaitait connaître leur projet d'avenir et la raison de leur présence.

— Pour nous, c'était une femme extraordinaire, une femme respectable, répondirent-ils.

Respectable! Hélène et moi, nous nous sommes regardées. Combien de fois Simone n'avait-elle pas été insultée par les médias, traitée en des termes qui avaient fait d'elle la femme la moins respectée de France! Je ne pus m'empêcher de sourire. Puis, deux jeunes lycéennes s'approchèrent et commencèrent à bavarder avec nous au travers de la vitre. L'atmosphère devenait de plus en plus conviviale, presque amicale. Ce n'étaient décidément pas des obsèques officielles, mais bien une promenade d'adieu.

— Juste comme Simone aurait aimé, murmura Hélène dans un pâle sourire.

La foule était là, très dense, pour nous le rappeler. Cette même foule avait à présent dépassé le convoi et il fallut bientôt nous rendre à l'évidence que nous étions désormais à l'arrière du cortège. Cette foule qui nous était familière marchait devant nous, et c'était elle à présent qui conduisait Simone à son dernier lieu de repos. À mes côtés, le chauffeur contemplait ce spectacle d'un air décontracté. Au moment de tourner vers le boulevard Edgar-Quinet, où se trouvait l'entrée du cimetière, le ton de sa voix était devenu presque amical. Oui, Hélène avait raison, Simone aurait senti en cet instant la gratitude de tous ces gens dont certains avaient puisé dans son œuvre une nouvelle vision de l'existence et d'autres, la force de vivre. Les jeunes restèrent à nos côtés jusqu'au cimetière, souriant et bavardant. Au milieu de cette foule, nous nous sentions protégés.

16 heures: Quelques mètres avant l'arrivée au cimetière, le visage du chauffeur se crispa. La foule, coincée contre la porte, ne bougeait plus. Il semblait impossible de passer. Le portes s'ouvrirent finalement. Par chance, personne ne fut blessé. Je songeai alors aux obsèques de Sartre, où Simone, bousculée de toute part par les curieux et les journalistes, s'était presque évanouie, tandis que Lanzmann jouait du poing pour la sauver et la sortir de là. Nous ne voulions pas que la même situation se reproduisît aux obsèques de Simone. Nous souhaitions certes rester proches des gens. Cette foule voulait être auprès de Simone en cette journée où elle pouvait lui témoigner affection, tendresse et reconnaissance. Rester proches, bien sûr, mais sans pour autant risquer nos vies. Comment aurions-nous pu oublier l'état dans lequel Simone se trouvait après les obsèques de Sartre?

Mais en ce 19 avril 1986, la foule au cimetière était plus calme, comme si elle avait tiré leçon de l'expérience traumatisante dans ce même cimetière, six années auparavant.

Sartre et Simone allaient ainsi partager la même tombe. En dépit des tensions qui avaient pu parfois exister entre eux, ils allaient être réunis par leur amour et leur respect mutuels. Simone n'avait-elle pas écrit dans ses *Mémoires* que Sartre et ses jeunes amis philosophes l'avaient traitée dès sa jeunesse comme leur égale? Et égaux ils allaient l'être de nouveau, dans la tombe.

Hommes, femmes, enfants, tous furent poussés contre les murs de pierre du cimetière, afin de permettre l'ouverture des grilles. Seules les voitures furent autorisées à passer. Je me sentis à la fois soulagée et triste; soulagée que la mairie de Paris eut installé des barrières autour de la tombe où des centaines de Parisiens s'étaient agglutinés en silence; triste parce que je savais bien que cette promenade avait un but qui, dans quelques instants, serait atteint. Je me tournai vers Hélène dont les traits du visage avaient brusquement changé. Ses yeux étaient remplis de larmes. Le convoi s'arrêta.

16 h 15: L'ordonnateur de la cérémonie aida Hélène et ses cousines à descendre de la voiture. Sylvie, Lanzmann et d'autres des *Temps modernes* se trouvaient déjà sur place. Quelques femmes du MLF, Anne, Annie, Alice, et d'autres encore, se trouvaient derrière nous, très pâles. Des dizaines de photographes et de reporters de télévision s'étaient massés derrière la stèle où était inscrit: «Jean-Paul Sartre 1905-1980». Derrière les caméras qui nous fixaient, tels des oiseaux de proie, les journalistes restèrent pour une fois immobiles, se faisant presque oublier.

De la poche de son imperméable, Lanzmann sortit un livre de Simone et entreprit d'en lire quelques lignes. Je ne me souviens pas d'un seul des mots prononcés. Debout, tenant Hélène par le bras, je n'étais pas d'humeur à entendre. Le chagrin d'Hélène, le mien et celui des autres autour m'accaparaient. Je devais oublier le mien. Lionel ne m'avait-il pas dit à l'hôpital: «Je te confie Hélène, je sais que tu prendras soin d'elle.» *Prendre soin*: ces mots avaient ici un sens particulier.

Il y eut un silence lorsque Lanzmann cessa de lire. L'on entendait seulement le crépitement des flashes. Puis un murmure s'amplifia, tel le bruit d'une vague qui approche de la jetée. Quelques femmes du MLF entamaient l'hymne que nous avions créé plus de 15 ans plus tôt. Hélène m'avait demandé de dire quelques mots au nom des autres femmes. J'avais refusé. Pourquoi moi et non une autre? Le chant qui s'amplifiait, les voix de nous toutes, qui avions lutté à ses côtés, semblaient le meilleur adieu que nous puissions lui offrir. Peu de personnes autour de nous le connaissaient, mais Simone l'aurait aussitôt reconnu. Elle en aimait les mots:

«Nous qui sommes sans passé,
Les femmes,
Nous qui n'avons pas d'histoire,
Depuis la nuit des temps
Les femmes,
Nous sommes le continent noir!
Debout les femmes esclaves
Et brisons nos entraves!
Debout! Debout!»

Nous chantions cette mélodie à voix basse, comme pour ne pas réveiller Simone. Elle méritait bien paix et tendresse. Cela semblait inouï de prononcer ces strophes entourées d'hommes, amis de Lanzmann, de Simone ou d'Hélène, mais aussi de journalistes et de photographes indifférents à notre chagrin. Nous étions habituées à chanter ces quelques mots pour nous-mêmes. Et voici que deux mondes se côtoyaient devant sa tombe, à l'image de sa vie. Elle avait aimé les hommes, et dans le même temps elle avait combattu leurs attitudes injustes à l'égard des femmes. Si certains hommes la détestaient pour cette raison, d'autres l'avaient aimée et admirée.

Alors que le murmure du chant s'estompait, un autre bruit nous rappela la raison de notre présence. Le cercueil était lentement descendu dans la tombe. Au milieu des curieux, des journalistes, des photographes, parmi les fleurs, accrochée à mon bras, Hélène ne voyait rien ni personne. Elle se tenait devant la tombe, des roses à la main. Le reste du monde n'existait plus. Elle jeta les roses, envoya d'un geste de sa main droite un baiser, deux baisers, à cette femme que nous aimions, à celle qu'Hélène avait si bien connue. Sa main bougeait d'avant en arrière, comme si elle adressait à Simone un au revoir qui ne finirait jamais. Un instant plus tard, elle s'effondra en larmes dans mes bras.

Aidée de Chantal, la sœur de Lionel, je l'éloignai de la foule. À quelques pas de là, Hélène s'assit sur une chaise au milieu des curieux. Les portes du cimetière s'étaient ouvertes, laissant à présent passage à la foule qui avançait par vagues successives. Hélène voulut se relever, pour la voir une dernière fois. À nouveau sa main, ses baisers lui dirent un au revoir.

Et la foule continuait d'arriver. La foule d'anonymes qui l'avaient aimée sans la connaître. De la tombe, nous pouvions apercevoir au loin, à quelques centaines de mètres, l'immeuble où Simone avait habité et où ses affaires personnelles se trouvaient encore. Sa présence semblait si proche et encore si réelle. Pendant ce temps, Gégé, l'amie de toujours qui nous avait accompagnées, se promenait entre les allées, à l'affût des propos des uns et des autres. À l'autre entrée du cimetière, un couple âgé suivait des yeux la cérémonie. Gégé, qui s'en était approchée, les écoutait. La vieille dame s'adressait à son mari: «De Beauvoir, c'est un nom d'aristocrate. Ce doit être pour cela qu'il y a un tel monde.»

*
**

Vingt ans après les combats pour les droits des femmes, ces acquis des années 70 sont en danger. Même si en France et dans le monde occidental de plus en plus de femmes accèdent à l'indépendance économique et à des responsabilités professionnelles, un retour en arrière n'est pas à exclure. Ce risque de régression est là, qui rampe près de nous, s'infiltre entre les murs des maisons des villes et des campagnes et perce de plus en plus au travers des discours politiques et religieux. Le renvoi de la femme dans sa cuisine pourrait-il devenir un enjeu de notre société en crise et en mal d'identité? Ce n'est pas impossible.

Mais pour quelles raisons? La raison économique, tout d'abord, qui prime le reste. Je me souviens encore d'une remarque de Simone, tandis que nous manifestions notre joie devant nos succès:

— Tout cela est très bien, mais n'oubliez jamais que, comme toute chose, les droits des femmes ne sont jamais définitivement acquis. Dès que la France traversera une nouvelle crise économique, les responsables politiques et économiques, de quelque bord qu'ils soient, voudront laisser les postes aux hommes, licencieront plus volontiers les femmes qu'ils renverront par tous les moyens, y compris détournés, à la maison.

Rien n'est jamais acquis: ces mots de Simone sont malheureusement d'actualité. Le nombre de femmes battues, violées de par le monde, n'a pas baissé. Le droit à l'avortement dans des conditions humaines est menacé. En 1995, un médecin américain a été assassiné pour avoir pratiqué, en toute légalité, des avortements. En France, des milliers de femmes repassent de nouveau la frontière pour avorter dans des conditions médicales décentes. L'avortement est pourtant légal dans notre pays, mais certains se moquent de cette légalité. En Europe centrale, chaque jour des femmes découvrent avec stupeur et désespoir qu'elles sont enceintes, sans ressources, et qu'il leur faudra affronter, au péril de leur vie, des méthodes moyenâgeuses pour n'avoir un enfant que lorsqu'elles le désireront. Les «droits de l'homme» des femmes sont chaque jour bafoués.

Aux États-Unis, la situation s'est détériorée ces dernières années. Les cliniques féministes de santé présidées par Carol Downer ont été l'objet les unes après les autres soit d'actes criminels (incendies ou bombes), soit de manifestations parfois violentes à l'extérieur et à l'intérieur des cabinets médicaux. Ces centres ont du mal à se maintenir en activité.

Par ailleurs, la pilule RU486, que de nombreuses femmes réclament afin d'éviter un avortement après la conception, n'est disponible qu'en France. Il semble qu'il n'y ait pas non plus d'autorisation prévue dans un avenir proche au Canada. Aux États-Unis, des études médicales sont néanmoins en cours dans quelques cliniques afin d'en connaître les effets secondaires. Mais il n'est pas certain qu'elle y soit un jour distribuée. Les groupes de pression extrémistes n'acceptent pas qu'un moyen de contraception, pourtant plus facile à supporter pour une femme, permette à celle-ci de contrôler la reproduction dans son corps. «Notre corps nous appartient!» affichait une pancarte du MLF à chacune de nos manifestations. Certes, mais pour combien de temps?

Alors, dans ma tête, j'entends à nouveau une phrase que Simone nous répétait volontiers: «Restons vigilantes.»

*
* *

Il fait une belle soirée sur Paris. Lorsque je rentre du bureau, il m'arrive de m'arrêter au cimetière Montparnasse. Beaucoup de Parisiens le traversent volontiers, l'utilisant comme raccourci entre le boulevard Edgar-Quinet et l'avenue du Maine. Un sentiment étrange m'envahit de me retrouver là, devant la tombe de Sartre et de Simone, si simple parmi d'autres monuments. Ces visites font désormais partie de mon emploi du temps. Chaque fois, selon les personnes qui s'y recueillent, l'atmosphère y est différente. Ce soir, deux femmes, l'une allemande, l'autre italienne, sont assises à même la tombe et lisent, sagement penchées, des ouvrages de Simone. Je ne puis m'empêcher de leur sourire. Elles me sourient en retour. Nous n'avons pas besoin de nous parler. Nous savons pourquoi nous nous trouvons là et nous nous sentons en paix. D'autres personnes ont déposé sur la tombe des fleurs, des mots d'amour, messages tendres.

Mais le cimetière s'apprête à fermer ses portes. Nous devons partir. Tandis que j'avance lentement vers la sortie, je croise des gens divers et anonymes qui semblent indifférents au cadre. Dans ma tête, j'entends résonner les clameurs de nos manifestations, de nos chants, et la voix claire, cassante de Simone, tout le bruit et la fureur de cette page d'histoire de France.

Simone, vous nous manquez.

Paris, *La Coupole*
29 juin 1995

LA COLLECTION PARCOURS

animée par Josette Ghedin Stanké
se compose de livres qui nous changent
parce qu'ils nous marquent.

- **L'Amour comme un travail**
    Nicole Coquatrix
- **L'Amour ultime**
    Johanne de Montigny
    Marie de Hennezel
    avec la collaboration de Lise Monette
- **L'Art de rêver**
    Nicole Gratton
- **L'Art de visualiser**
    Hélène Robitaille
    avec la collaboration de Sylvie Marie Laporte
- **Ces femmes qui aiment trop (tome 1)**
    Robin Norwood
- **Ces femmes qui aiment trop (tome 2)**
    Robin Norwood
- **Ces hommes qui ont peur d'aimer**
    Steven Carter
    Julia Sokol
- **De l'amour-passion au plein amour**
    Jacques Cuerrier
    Serge Provost
- **... Et me voici toute nue devant vous.**
    Marie Dumais

- **Faites vivre votre Enfant intérieur**
  Lucia Capacchione
- **La Garde partagée**
  Claudette Guilmaine
- **La Guérison ou Quantum Healing**
  Dr Deepak Chopra
- **Image de soi et Chirurgie esthétique**
  Dr Alphonse Roy
  Sophie-Laurence Lamontagne
- **L'Inceste dévoilé**
  Jocelyne Boulanger
- **Je tuerais bien mon père... mais il n'est pas là.**
  John Lee
- **Laissez-moi devenir**
  Dr Gilles Racicot
- **Lorsque manger remplace aimer**
  Geneen Roth
- **La Ménopause**
  Dr Winnifred Berg Cutler
  Dr Calso-Ramón García
  Dr David A. Edwards
- **La Nouvelle Famille**
  Gerry Marino
  Francine Fortier
- **Oser vivre libre**
  James Fadiman
- **Ostéoporose**
  Wendy Smith
- **La Passion d'être père**
  Jean Chapleau